Make hay while the sun shines.
(해가 비치는 동안 건초를 말려라.)

※ 누구에게나 좋은 기회가 올 수 있으며, 그 기회를 놓치지 말고 잘 활용해야 한다는 격언입니다.

아이의 튼튼한
공부 기초를 만드는
바탕다지기

영어 문장 바탕 다지기

탕 SVO 지기

BOOKS

2 확장 편

한동오 지음

엔듀
인사이트

영어 문장이 저절로 써지는 어순 감각 트레이닝북!

영어 문장 바탕 다지기·2

초판 1쇄 발행 2016.8.31 | 지은이 한동오 | 펴낸이 한기성 | 펴낸곳 에듀인사이트(인사이트)

기획 ·편집 신승준 | 일러스트 오돌 | 본문 디자인 씨디자인 | 표지 디자인 오필민 | 전산편집 지누커뮤니케이션

녹음 로드러너코리아 | 인쇄 · 제본 서정바인텍 | 베타테스터 김시연, 임민재, 이한서, 정민서, 최예담

등록번호 제10-2313호 | 등록일자 2002년 2월 19일 | 주소 서울시 마포구 잔다리로 119(서교동) 석우빌딩 3층

전화 02-322-5143 | 팩스 02-3143-5579 | 홈페이지 http://edu.insightbook.co.kr

페이스북 http://www.facebook.com/eduinsightbook | 이메일 edu@insightbook.co.kr

ISBN 978-89-6626-710-1 64740

SET 978-89-6626-708-8

MP3 파일은 다음에서 다운로드 할 수 있습니다.

• 바다공부방 카페 자료실 : http://cafe.naver.com/eduinsight

• 홈페이지 자료실 : http://edu.insightbook.co.kr

책값은 뒤표지에 있습니다. 잘못 만들어진 책은 바꾸어 드립니다.

정오표는 http://edu.insightbook.co.kr/library에서 확인하실 수 있습니다.

어순을 익히면 영어 문장이 쉬워져요!

1. 우리는 왜 이렇게 영어를 힘들게 배우고 있을까요?

흔히 우리는 영어를 배우기가 매우 힘들다고 말합니다. 초등학교 3학년 때부터 대학교를 졸업할 때까지 어림잡아도 무려 12년간을 공부하는데, 실제로 그렇게 공부하고서도 영어를 유창하게 잘하는 분들은 손에 꼽을 정도입니다. 그렇다면 그 수많은 세월을 배우고도 왜 우리는 이토록 영어를 잘하지 못하는 걸까요? 많은 이유가 있겠지만 그 중 가장 큰 이유는 바로 '어순의 차이' 때문입니다. '어순'이란 말 그대로 '말의 순서'를 일컫습니다. 근본적으로 국어와 영어는 말의 순서 자체가 다릅니다. 순서가 다르기 때문에 머릿속에서 말을 조합하는 과정도 다를 수밖에 없고, 자꾸 우리말에 맞춰서 영어를 꿰어 맞추다 보니 선뜻 영어가 자연스럽게 흘러나오지 못하게 되는 거죠.

2. 어순 원리의 중요성

하지만 모든 공부가 그렇듯, 영어도 그 원리를 알고 접근한다면 무턱대고 읽고, 쓰고, 외우는 것보다 큰 효과를 얻을 수 있습니다. 특히나 우리는 영어를 사용하는 데 환경적 제약이 있기 때문에 영어의 원리에 대한 이해와 훈련이 매우 중요합니다. 그 학습 원리에 대한 핵심은 바로 '어순 훈련'입니다. 영어 문장이 만들어지는 순서를 깨닫고, 그 순서대로 말하는 훈련을 해 나간다면 훨씬 더 영어를 쉽고 빠르게 배울 수 있습니다.

3. 어순 감각 훈련의 바이블 〈영어 문장 바탕 다지기〉 시리즈

〈영어 문장 바탕 다지기〉(전 3권) 시리즈는 각종 이미지를 활용하여 영어의 어순을 순차적으로 연습하도록 설계하였습니다. 아이의 뇌가 아직 유연할 때 훈련된 영어의 어순 감각은 평생 영어의 기틀이 될 것입니다. 본 교재를 재미있게 활용하여 영어식 사고와 높은 수준의 영어 실력을 갖추는 발판을 마련하시길 바랍니다.

2016년 6월 저자 한동오

영어 문장을 생각하는 핵심, 어순 감각

"영어는 취학 전부터 해야 한다."

"영어 비디오도 많이 보고, 리딩 책도 많이 읽다 보면 저절로 영어 실력이 는다."

"유학을 갔다 오면 귀가 트이고, 입이 열린다."

어느 정도 영어에 관심을 두고 있는 학부모라면 주위에서 위와 같은 조언들을 한두 번쯤은 들어 보셨을 겁니다. 전부 일리가 있고 맞는 이야기입니다. 하지만 영어를 위해 취학 전부터 영어 비디오를 많이 보여 주고, 책도 많이 읽어 주며, 유학까지 보내는 일은 결코 만만한 일이 아닙니다. 위의 말에 다들 공감은 하시겠지만 막상 해보려고 하면 선뜻 엄두가 나지 않으실 것입니다. 영어를 제2 언어나 공용어로 활용하는 ESL(English as a Second Language) 환경의 나라에서나 적용할 만한 일이겠지요. 하지만 대한민국은 집 밖으로 한 발짝만 나가도 영어를 배우는 데 제약이 많은 전형적인 EFL(English as a Foreign Language) 환경의 나라입니다. 많이 읽고, 쓰고, 듣고, 말하는 환경을 구현하기가 현실적으로 매우 어렵다는 말이지요.

〈영어 문장 바탕 다지기〉 시리즈는 이러한 학부모님들의 고민을 해결해 주고자 만들어진 교재입니다. 특히 영어를 익히고 배우는 데 있어서 중요한 '어순 감각'을 익히는 훈련 교재입니다. 흔히 일본어는 배우기 쉬운데, 영어는 좀처럼 배우기가 쉽지 않다는 말을 듣습니다. 그 가장 큰 이유는 무엇일까요? 바로 '어순'의 차이 때문입니다. 다시 말해 일본어와 한국어는 어순이 같아서 문장을 만들거나 회화를 하는 것이 비교적 쉬운데 반해 영어는 우리와 어순이 달라서 처음부터 단어 연결이 어렵고 어색하다는 것입니다.

영어는 크게 두 가지 면에서 우리말과 다릅니다.

첫째, 영어는 단어의 순서가 매우 중요합니다. 간단히 예를 들면 이렇습니다.

① 우리말 : 톰이 제인을 좋아한다. (톰과 제인의 순서를 바꿔도 뜻이 바뀌지 않음)

② 영어 : Tom likes Jane. (Tom과 Jane의 순서를 바꾸면 뜻이 바뀜)

영어는 순서에 따라 의미가 변할 수 있는 언어입니다.

둘째, 영어는 순차적으로 생각하는 언어입니다. 순차적 사고라는 것은 가까운 것에서 먼 것까지 혹은 시간 순으로 차근차근 하나씩 설명해 나가는 방식을 말합니다. 예를 들어 '내가 학교에 간다.'라는 말은 영어로 'I go to the school.'이 됩니다. 주인공인 내가 가고 결국 학교에 도착한다는 것입니다.

● 영어의 어순

문장의 주인공	→	행동	→	최종 목적지
I		**go**		**to the school.**

문장의 주인공인 '나'와 최종 목적지인 '학교'가 서로 떨어져 있습니다.

반면에 우리말은 어떻습니까? 주인공인 '나'가 나오는 것은 동일하지만 목적지인 '학교'라는 말이 바로 나옵니다. 그러고나서 '간다'라는 표현이 마지막으로 뒤따릅니다. 우리말은 시간적 혹은 공간적 순서에 의한 언어가 아니며, 목적 중심의 언어라는 것을 알 수 있습니다.

● 우리말의 어순

문장의 주인공	→	최종 목적지	→	행동
나는		**학교에**		**갑니다.**

'나'의 위치는 영어와 같지만 우리말에서는 '최종 목적지'가 먼저 나옵니다.

그렇다면 이러한 구조적인 문제는 어떻게 해결해야 할까요? 우리 자녀들이 이 문제를 극복할 수 있는 방법은 없을까요? 그 방법은 지금이라도 당장 순차적인 표현을 익히도록 훈련하는 것입니다. 영어의 원리를 자연스럽게 습득하도록 훈련하십시오. 그렇게 훈련된 아이들은 영어 작문이 달라집니다. 영어 말하기도 정확하게 바뀝니다. 많은 사람들이 생각하는 단어, 문법, 독해도 물론 필요한 부분이지만 사실은 그들이 간과하고 있는 것이 있습니다. 영어의 어순 감각이 가장 기본이 된다는 것입니다.

영어의 문장이 이루어지는 순서를 깨닫고, 그 순서대로 말을 할 수 있는 훈련을 해나간다면 훨씬 더 영어를 쉽고 빠르게 배워 나갈 수 있을 것입니다.

이 책은 이렇게 공부하세요!

1단계 문장의 재료가 되는 단어를 먼저 알아봐요!

UNIT에 대한 학습을 하기에 앞서, 각 Chapter별로 미리 숙지해야할 단어들을 따로 정리해 놓았습니다. 별도로 마련된 음성 파일을 들으며 학습에 필요한 단어들을 먼저 숙지합니다.

음성 파일(MP3)을 다운로드 하는 곳.
• 홈페이지 자료실 : http://edu.insightbook.co.kr
• 바다공부방 카페 자료실 : http://cafe.naver.com/eduinsight

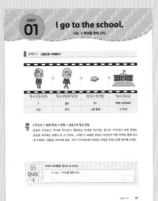

2단계 그림 이미지를 보면서 영어 문장이 만들어지는 과정을 익혀요!

그림을 먼저 보면서 문장의 요소들이 어떤 순서로 어떻게 배열되는지 생각해 봅니다. 왼쪽 문장의 주인공으로부터 시작해서 가까운 것에서 먼 곳까지 눈으로 따라가며 어순을 익힙니다.

3단계 기본적인 규칙도 알면 좋아요!

영어 문장에는 문장을 이루는 여러 규칙이 있는데 그것을 '문법'이라고 합니다. 이 규칙들은 문장을 만들기 위해서 꼭 필요한 요소들이므로 반드시 익혀 놓아야만 합니다.

4단계 영어 문장을 큰 소리로 따라서 읽어 보세요!

먼저 음성 파일을 들어본 후 그와 비슷하게 발음하려고 노력하면서 큰 소리로 읽어 봅니다. 여러 번 입에 붙을 때까지 읽어나가다 보면 영어 문장에 대한 감각이 생기게 됩니다.

5단계 영어 문장 쓰기 훈련을 해보세요!

각 UNIT별로 반복되는 부분이 많아서 이 훈련만 제대로 따라해도 문장이 만들어지는 기본 원리를 확실하게 이해할 수 있습니다. 혹시 이해되지 않은 문장은 비워 두시고, 일단 끝까지 채워본 다음 이전 페이지를 참고하면서 다시 한 번 써 봅니다.

6단계 총 복습으로 마무리!

4개의 UNIT이 끝날 때마다 항상 복습할 수 있는 코너입니다. 모르는 문제가 나와도 당황하지 말고 일단 끝까지 푼 다음, 틀린 문제는 정답을 보면서 다시 한번 복습해 봅니다.

Contents

Chapter 1   1형식 어순 익히기

Chapter 2   2형식 어순 익히기

Chapter 3   3형식 어순 익히기

Chapter 4   4형식 어순 익히기

Chapter 5   5형식 어순 익히기

본문 학습 전에 꼭 익혀 두세요!

1 단어의 성격에 따른 명칭

학습을 시작하기에 앞서, 몇 가지 용어를 배워볼 거예요. 일단 그 용어들의 뜻이 무엇인지 잘 파악해보구요, 우리들만의 약속으로 그 뜻을 나타낼 때마다 간단하게 이 용어들로 표시하여 이해하도록 해요.

---

❶ 명사

어떤 사람이나 사물을 부르는 이름을 나타내는 말이에요. 그리고 크게 숫자로 셀 수 있는 것과 셀 수 없는 것으로 나눠져요.

> ex
> • **셀 수 있는 명사** friend (친구), book (책), desk (책상) 등
>   → three friends, four books, two desks 등으로 쓸 수 있어요.
> • **셀 수 없는 명사** water (물), salt (소금), gold (금) 등
>   → 셀 수 없는 명사 뒤에 s를 붙여서는 안돼요.

❷ 대명사

사람이나 사물의 이름을 대신해서 쓰는 말이에요. 즉 남자 이름인 Tom은 He(그), 여자 이름인 Jane은 She(그녀) 등으로 간단히 줄여 쓸 수 있어요.

> ex I (나) You (너) He (그) She (그녀) It (그것) We (우리) They (그들)

❸ 동사

사람이나 사물의 움직임(동작)이나 상태를 나타낼 때 쓰는 말이에요.

> ex
> • **동작 동사** go (가다), study (공부하다) 등
> • **상태 동사** like (좋아하다), live (살다), know (알다) 등

❹ 형용사

사람이나 사물의 성질이나 상태가 어떠한지 꾸며주는 말이에요. 주로 '어떠한'에 해당하는 말들이에요. 우리말로는 끝에 ㄴ(니은)이 들어가지요.

> ex pretty (예쁜) wise (영리한) rich (부유한) big (큰) 등

❺ 부사

동사나 형용사 등을 꾸며주는 말이에요. 주로 '어떻게', '언제', '어디서' 등에 해당하는 말들이에요.

> ex fast (빠르게) slowly (느리게) yesterday (어제) here (여기)

❻ 전치사

명사나 대명사 앞에 와서 장소나 시간, 목적이나 이유 등의 의미를 더해줄 때 쓰는 말이에요.

> ex to (~으로) on (~ 위에) with (~와 함께) for (~을 위해) in (~ 안에)

2 문장에서의 주요 역할

앞에서 배운 각 단어들은 문장 속에서 일정한 역할을 맡게 돼요.
이번에는 그 단어들을 나열하면서 생기는 역할에 대해 알아 보도록 해요.

---

❶ 주어
(S)

어떤 동작이나 상태의 주인공을 나타내는 말이며 영어 문장에서는 항상 빠지지 않고 나와야 해요. 우리말의 '~은, ~는, ~이, ~가'에 해당하는 말이에요.

> **ex** I am a student. (나는 학생이다.) | He is happy. (그는 행복하다.)

❷ 동사
(V)

사람이나 동물이 행동하는 어떤 동작이나 상태를 나타내는 말이에요. 주어와 마찬가지로 동사도 어떤 문장이든지 반드시 나와야 해요.

> **ex** • **동작 동사** I go to the school. (나는 학교에 간다.)
> • **상태 동사** I know the name. (나는 그 이름을 안다.)

❸ 목적어
(O)

동사의 대상을 나타내는 말이에요. 예를 들어 '만들다'라는 동사가 있을 때, 만들어지는 '대상'을 바로 '목적어'라고 불러요. 우리말의 '~을, ~를'에 해당하는 말이에요.

> **ex** I like you. (나는 너를 좋아한다.) | She makes a toy. (그녀는 장난감을 만든다.)

❹ 보어
(C)

주어가 어떤 상태인지를 보충해줄 때 쓰는 말이에요. 크게 주어와 같은 의미를 지니는 명사와 주어의 상태를 설명해주는 형용사로 나눌 수 있어요.

> **ex** I am a student. (나는 학생이다.) | He is happy. (그는 행복하다.)

❺ 간접목적어
(I · O)

주어가 누구에게 무엇을 어떻게 했다고 나타낼 때 '누구에게'를 가리키는 말이에요. 우리말로는 '~에게'에 해당하는 말이에요.

> **ex** I gave him a book. (나는 그에게 책을 주었다.)
> They told me the story. (그들은 내게 그 이야기를 해주었다.)

❻ 직접목적어
(D · O)

주어가 누구에게 무엇을 어떻게 했다고 나타낼 때 '무엇을'을 가르키는 말이에요. 우리말로는 '~을, ~를'에 해당하는 말이에요.

> **ex** I gave him a book. (나는 그에게 책을 주었다.)
> They told me the story. (그들은 내게 그 이야기를 해주었다.)

본문 학습 전에 꼭 익혀 두세요!

③ 문장의 5형식

이제는 문장의 5형식을 알아보도록 해요. 문장의 5형식이란 앞에서 배운 여러 요소들이 나열되는 규칙을 다섯가지 형식으로 나타낸 거예요. 영어의 문장이 아무리 길고 복잡해도 결국 이 다섯가지 형식을 벗어나지 않아요. 이처럼 문장을 구성하는 요소들이 아무렇게나 배열되는 것은 아니고 위의 다섯가지 형식 안에서 배열이 돼요.

---

❶ 1형식 주어와 동사만으로도 가장 기본적인 뜻이
성립될 수 있는 문장을 말해요.

I **go.** 나는 간다.

주어 동사

> ex go, live, move, come, run, walk 등

I go(나는 간다.)
이 말로도 뜻이
충분히 통하는데.

---

❷ 2형식 주어와 동사만으로는 뜻이 완성되지 않아서 동사 뒤에
보충해주는 말이 있어야 하는 문장을 말해요.

I **am** **happy.** 나는 행복하다.

주어 동사 보어

> ex am, are, is, look, smell, sound, taste, feel 등

I am.(나는 ~이다.)
만으로는 뜻이 안 통하니까
뒤에 happy(행복한)를
넣어 주었구나.

❸ 3형식   동사의 행위에 대한 대상이 꼭 나와야 하는 문장을 말해요.

    ex   have, eat, like, study, watch, see 등

❹ 4형식   동사의 성격상 그 뒤에 '~에게'와 '~을, ~를'에 해당하는 말이
반드시 나와야 하는 문장을 말해요.

    ex   give, show, lend, promise, buy, order 등

❺ 5형식   목적어가 그 목적어를 보충해주는 목적보어까지 꼭 나와야
하는 문장을 말해요.

    ex   want, make, hear, think, call, help 등

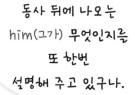

학습계획표

자, 이제 본격적으로 학습을 시작해 보도록 해요. 항상 어떤 일이든지 계획을 세워놓고, 차근차근 규칙적으로 해나가는 자세가 중요하겠지요? 아래의 계획표대로 꾸준히 실천하면서 즐겁게 공부해 보세요.

Week 1	1일 차	2일 차	3일 차	4일 차	5일 차	6일 차
학습 내용	Chapter 1 UNIT 1	Chapter 1 UNIT 2	Chapter 1 UNIT 3	Chapter 1 UNIT 4	Practice 1	총 복습
학습 체크						
학습한 날짜	/	/	/	/	/	/

Week 2	7일	8일 차	9일 차	10일 차	11일 차	12일 차
학습 내용	Chapter 2 UNIT 5	Chapter 2 UNIT 6	Chapter 2 UNIT 7	Chapter 2 UNIT 8	Practice 2	총 복습
학습 체크						
학습한 날짜	/	/	/	/	/	/

Week 3	13일 차	14일 차	15일 차	16일 차	17일 차	18일 차
학습 내용	Chapter 3 UNIT 9	Chapter 3 UNIT 10	Chapter 3 UNIT 11	Chapter 3 UNIT 12	Practice 3	총 복습
학습 체크						
학습한 날짜	/	/	/	/	/	/

Week 4	19일 차	20일 차	21일 차	22일 차	23일 차	24일 차
학습 내용	Chapter 4 UNIT 13	Chapter 4 UNIT 14	Chapter 4 UNIT 15	Chapter 4 UNIT 16	Practice 4	총 복습
학습 체크						
학습한 날짜	/	/	/	/	/	/

Week 5	25일 차	26일 차	27일 차	28일 차	29일 차	30일 차
학습 내용	Chapter 5 UNIT 17	Chapter 5 UNIT 18	Chapter 5 UNIT 19	Chapter 5 UNIT 20	Practice 5	총 복습
학습 체크						
학습한 날짜	/	/	/	/	/	/

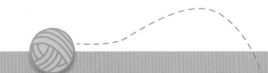

1형식 어순 익히기

주어

동사

✓CHECK UP!

단어를 들으며 5번씩 따라 읽어 보세요!

🎧2-01 UNIT 01

go
가다

to
~을 향해

school
학교

hospital
병원

church
교회

park
공원

shop
가게

library
도서관

🎧2-03 UNIT 02

went
갔다

bus
버스

taxi
택시

subway
지하철

train
기차

by bus
버스를 타고

by taxi
택시를 타고

by subway
지하철을 타고

by train
기차를 타고

on foot
걸어서, 도보로

🎧2-05 UNIT 03

at nine (o'clock)
9시에

at three (o'clock)
3시에

Monday
월요일

Tuesday
화요일

Wednesday
수요일

Thursday
목요일

Friday
금요일

Saturday
토요일

Sunday
일요일

yesterday
어제

today
오늘

tomorrow
내일

🎧2-07 UNIT 04

slow
느린

slowly
느리게

careful
조심스러운

carefully
조심스럽게

fast
빠른, 빠르게

early
이른, 일찍

UNIT
01

I go to the school.

나는 그 학교를 향해 간다.

STEP 1 그림으로 이해하기

주어 (주인공)	동사 (현재 동작)	전치사 (방향)	명사 (장소)
I	go	to	the school
나는	간다	~을 향해	그 학교

 〈주인공 + 현재 동작 + 방향 + 장소〉의 문장 표현

문장의 주인공인 주어와 주인공이 행동하는 동작을 나타내는 동사로 이루어진 표현 뒤에는
장소를 나타내는 표현이 올 수 있어요. 그러면 이 표현은 문장의 주인공이 어떤 동작을 통해 장소
에 도착하는 상황을 나타내게 돼요. 내가 가서 학교에 도착하는 과정을 자연스럽게 생각해 보세요.

Quiz 1

아래의 우리말을 영어로 써 보세요.

* 나는 그 학교를 향해 간다.

→ _____ .

❶ 전치사 to

어디로 향해가는 모습을 나타낼 때 영어에서는 'to'라는 말을 써요. 영어에서 to는 다양한 뜻으로 사용되지만 여기서는 '~을 향해'라는 뜻으로 쓰이고 있어요. 즉, to 다음에 장소를 나타내는 표현이 나오면 '장소를 향해'라는 뜻을 나타내요.

to the school 그 학교를 향해	**to the park** 그 공원을 향해
- -	- -

👆 **한 가지만 더!**

장소를 나타내는 단어 앞에는 흔히 '그'라는 뜻의 the를 붙여서 나타내요.

❷ 장소를 나타내는 단어

우리 주위에는 많은 장소들이 있어요. 우리가 익히 알고 있는 대표적인 장소들을 한번 살펴봐요.

school 학교	**hospital** 병원	**church** 교회
- - - - - - - - - -	- - - - - - - - - -	- - - - - - - - - -
park 공원	**shop** 가게	**library** 도서관
- - - - - - - - - -	- - - - - - - - - -	- - - - - - - - - -

👆 **한 가지만 더!**

• go to the school과 go to school의 차이
  go to the school은 학교 건물 그 자체에 갈 경우에 쓰고, go to school은 공부를 하러 갈때 써요.

Quiz 2

다음 중 맞는 문장은 ○, 틀린 문장은 × 하세요.

1 I go to the school.   (   )

2 He go to the hospital. (   )

3 They run the shop.   (   )

🎧 2-02　음성을 들으며 차례대로 2번씩 따라 말해 보세요.

1 ❶ I　　　　　　　　　　　　　　　　　나는
　　❷ I go　　　　　　　　　　　　　　　나는 간다
　　❸ I go to the school.　　　　　　　　나는 간다 ~를 향해 그 학교

2 ❶ You　　　　　　　　　　　　　　　너는
　　❷ You go　　　　　　　　　　　　　너는 간다
　　❸ You go to the hospital.　　　　　너는 간다 ~을 향해 그 병원

3 ❶ We　　　　　　　　　　　　　　　우리는
　　❷ We go　　　　　　　　　　　　　우리는 간다
　　❸ We go to the church.　　　　　　우리는 간다 ~를 향해 그 교회

4 ❶ They　　　　　　　　　　　　　　그들은
　　❷ They go　　　　　　　　　　　　그들은 간다
　　❸ They go to the park.　　　　　　그들은 간다 ~을 향해 그 공원

5 ❶ He　　　　　　　　　　　　　　　그는
　　❷ He goes　　　　　　　　　　　　그는 간다
　　❸ He goes to the shop.　　　　　　그는 간다 ~를 향해 그 가게

6 ❶ She　　　　　　　　　　　　　　그녀는
　　❷ She goes　　　　　　　　　　　그녀는 간다
　　❸ She goes to the library.　　　　그녀는 간다 ~을 향해 그 도서관

영어의 어순에 맞게 다음 빈칸을 채워 보세요.

	주어 (주인공)	동사 (현재 동작)	전치사 (방향)	명사 (장소)
1	나는			
	나는	간다		
	나는	간다	~를 향해	그 학교
2	너는			
	너는	간다		
	너는	간다	~을 향해	그 병원
3	우리는			
	우리는	간다		
	우리는	간다	~를 향해	그 교회
4	그들은			
	그들은	간다		
	그들은	간다	~을 향해	그 공원
5	그는			
	그는	간다		
	그는	간다	~를 향해	그 가게
6	그녀는			
	그녀는	간다		
	그녀는	간다	~을 향해	그 도서관

▶ 정답은 19페이지 참조

UNIT 02 I went to the school by bus.

나는 버스를 타고 그 학교을 향해 갔다.

■ STEP 1   그림으로 이해하기

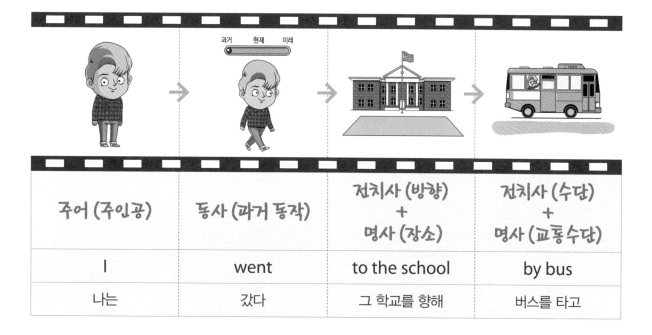

주어 (주인공)	동사 (과거 동작)	전치사 (방향) + 명사 (장소)	전치사 (수단) + 명사 (교통수단)
I	went	to the school	by bus
나는	갔다	그 학교를 향해	버스를 타고

 〈주인공 + 과거 동작 + 방향 + 장소 + 수단 + 교통수단〉의 문장 표현

주인공이 어떤 장소로 가기 위해서는 그 장소까지 타고 갈 교통수단이 필요해요. 그리고 타고 갈 교통수단을 나타내야할 때에는 장소 표현 뒤에 나타내주면 돼요.

☑
**Quiz
1**

아래의 우리말을 영어로 써 보세요.

* 나는 버스를 타고 그 학교를 향해 갔다.

→ _____ .

❶ go의 과거형

go의 과거형은 현재형과 그 형태가 완전히 달라요.

go　가다	went　갔다
-------------------	-------------------

❷ 교통수단을 나타내는 단어

우리 주위에는 많은 교통수단이 있어요. 우리가 익히 알고 있는 대표적인 교통수단들을 한번 살펴봐요.

bus　버스	taxi　택시	subway　지하철	train　기차
-------------------	-------------------	-------------------	-------------------

❸ by + 교통수단

어떤 교통수단을 타고 가는 상황을 묘사할 땐 흔히 by라는 전치사를 교통수단 앞에 써서 나타내요.

by bus　버스를 타고	by taxi　택시를 타고	by subway　지하철을 타고	by train　기차를 타고
------- --------------	------- --------------	------- --------------	------- --------------

👆 한 가지만 더!

교통수단을 이용할 때도 있지만 그냥 걸어가는 경우도 있어요. 즉 두 다리가 교통수단인 셈이죠. 이럴 때는 by라는 말을 쓰지 않고 on을 붙여 나타내요. 그리고 '발'이라는 뜻을 나타내는 foot을 그 뒤에 붙여 주지요.

ex) on foot 걸어서, 도보로

Quiz 2

우리말을 참고하여 빈칸에 알맞은 말을 영어로 쓰세요.

1　버스를 타고　　→　　------- --------------

2　지하철을 타고　→　　------- --------------

3　기차를 타고　　→　　------- --------------

4　걸어서　　　　→　　------- --------------

STEP 3　문장의 어순 익히기

🎧 2-04　음성을 들으며 차례대로 2번씩 따라 말해 보세요.

1 ❶ I　　　　　　　　　　　　　　　　나는

　❷ I went　　　　　　　　　　　　　나는 갔다

　❸ I went to the school　　　　　　　나는 갔다 그 학교를 향해

　❹ I went to the school by bus.　　　나는 갔다 그 학교를 향해 버스를 타고

2 ❶ We　　　　　　　　　　　　　　　우리는

　❷ We went　　　　　　　　　　　　우리는 갔다

　❸ We went to the hospital　　　　　우리는 갔다 그 병원을 향해

　❹ We went to the hospital by taxi.　우리는 갔다 그 병원을 향해 택시를 타고

3 ❶ They　　　　　　　　　　　　　　그들은

　❷ They went　　　　　　　　　　　그들은 갔다

　❸ They went to the park　　　　　　그들은 갔다 그 공원을 향해

　❹ They went to the park by subway.　그들은 갔다 그 공원을 향해 지하철을 타고

4 ❶ He　　　　　　　　　　　　　　　그는

　❷ He went　　　　　　　　　　　　그는 갔다

　❸ He went to the shop　　　　　　　그는 갔다 그 가게를 향해

　❹ He went to the shop on foot.　　그는 갔다 그 가게를 향해 걸어서

어떤 교통수단을 타고
가는 경우를 나타낼 때 교통수단
앞에 by를 붙여요. 단, 걸어서
가는 경우에는 by 대신 on을
붙여 나타내요.

영어의 어순에 맞게 다음 빈칸을 채워 보세요.

	주어 (주인공)	동사 (과거 동작)	전치사 (방향) + 명사 (장소)	전치사 (수단) + 명사 (교통수단)
1	나는			
	나는	갔다		
	나는	갔다	그 학교를 향해	
	나는	갔다	그 학교를 향해	버스를 타고
2	우리는			
	우리는	갔다		
	우리는	갔다	그 병원을 향해	
	우리는	갔다	그 병원을 향해	택시를 타고
3	그들은			
	그들은	갔다		
	그들은	갔다	그 공원을 향해	
	그들은	갔다	그 공원을 향해	지하철을 타고
4	그는			
	그는	갔다		
	그는	갔다	그 가게를 향해	
	그는	갔다	그 가게를 향해	걸어서

▶ 정답은 23페이지 참조

I will go to the school at nine.

나는 9시에 그 학교를 향해 갈 것이다.

STEP 1　그림으로 이해하기

주어 (주인공)	동사 (미래 동작)	전치사 (방향) + 명사 (장소)	전치사 (때) + 명사 (숫자)
I	will go	to the school	at nine
나는	갈 것이다	그 학교를 향해	9시에

〈주인공 + 미래 동작 + 방향 + 장소 + 때 + 숫자〉의 문장 표현

주인공이 '가는 곳'뿐만 아니라 '가는 때'도 함께 써야 할 경우가 있어요. 이럴 때에는 장소를 나타내는 표현 뒤에 시간 표현을 써주면 돼요. 즉, 9시면 at nine, 10시면 at ten이라고 써요. 여기서 주의할 것은 시간을 나타내는 단어 앞에 항상 at을 써줘야 한다는 사실이에요.

☑ **Quiz 1**

아래의 우리말을 영어로 써 보세요.

* 나는 9시에 그 학교를 향해 갈 것이다.

→ _____ .

① at + 시각

'〜시에'라고 나타내고자 할 때 시각을 나타내는 단어 앞에는 항상 at을 써야 해요.

at nine (o'clock) 9시에	**at three (o'clock)** 3시에

👆 **한 가지만 더!**
보통 '1시, 2시'를 표현할 때의 '시'는 o'clock이라고 나타내요. 그런데 대부분 생략하는 경우가 많아요.

② on + 요일

'〜요일에'라고 나타내고자 할 때 요일을 나타내는 단어 앞에는 항상 on을 써야 해요.

on Monday 월요일에	**on Tuesday** 화요일에	**on Wednesday** 수요일에
on Thursday 목요일에 **on Friday** 금요일에	**on Saturday** 토요일에	**on Sunday** 일요일에

👆 **한 가지만 더!**
'요일'을 나타내는 단어는 항상 '대문자'로 써야 해요.
ex) monday (✕) / Monday (○)

③ 그 외 시간 표현

날짜의 '과거, 현재, 미래'에 해당하는 표현을 배워 보아요.

yesterday 어제	**today** 오늘	**tomorrow** 내일

✅ **Quiz 2**

우리말을 참고하여 빈칸에 알맞은 말을 영어로 쓰세요.

1 3시에   → ＿＿＿＿＿＿＿   2 9시에   → ＿＿＿＿＿＿＿

3 월요일에 → ＿＿＿＿＿＿＿   4 내일   → ＿＿＿＿＿＿＿

STEP 3   문장의 어순 익히기

🎧 2-06 음성을 들으며 차례대로 2번씩 따라 말해 보세요.

1 ❶ I   나는

  ❷ I will go   나는 갈 것이다

  ❸ I will go to the school   나는 갈 것이다 그 학교를 향해

  ❹ I will go to the school at nine.   나는 갈 것이다 그 학교를 향해 9시에

2 ❶ We   우리는

  ❷ We will go   우리는 갈 것이다

  ❸ We will go to the hospital   우리는 갈 것이다 그 병원을 향해

  ❹ We will go to the hospital at three.   우리는 갈 것이다 그 병원을 향해 3시에

3 ❶ They   그들은

  ❷ They will go   그들은 갈 것이다

  ❸ They will go to the park   그들은 갈 것이다 그 공원을 향해

  ❹ They will go to the park on Monday.   그들은 갈 것이다 그 공원을 향해 월요일에

4 ❶ He   그는

  ❷ He will go   그는 갈 것이다

  ❸ He will go to the shop   그는 갈 것이다 그 가게를 향해

  ❹ He will go to the shop today.   그는 갈 것이다 그 가게를 향해 오늘

yesterday, today, tomorrow 등은 그 앞에 at 이나 on 같은 전치사가 붙지 않고 단독으로 쓰여요.

영어의 어순에 맞게 다음 빈칸을 채워 보세요.

	주어 (주인공)	동사 (미래 동작)	전치사 (방향) + 명사 (장소)	전치사 (때) + 명사 (숫자)
1	나는			
	나는	갈 것이다		
	나는	갈 것이다	그 학교를 향해	
	나는	갈 것이다	그 학교를 향해	9시에
2	우리는			
	우리는	갈 것이다		
	우리는	갈 것이다	그 병원을 향해	
	우리는	갈 것이다	그 병원을 향해	3시에
3	그들은			
	그들은	갈 것이다		
	그들은	갈 것이다	그 공원을 향해	
	그들은	갈 것이다	그 공원을 향해	월요일에
4	그는			
	그는	갈 것이다		
	그는	갈 것이다	그 가게를 향해	
	그는	갈 것이다	그 가게를 향해	오늘

▶ 정답은 27페이지 참조

I can go to the school fast.

나는 빠르게 그 학교를 향해 갈 수 있다.

STEP 1   그림으로 이해하기

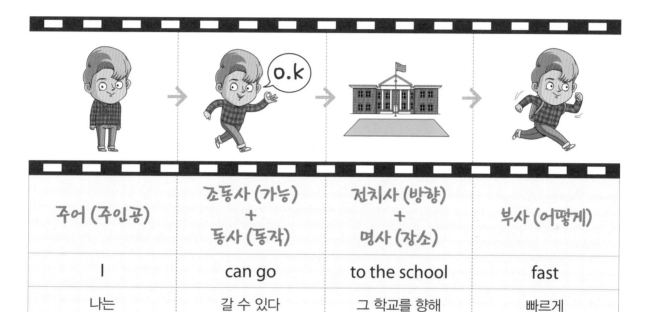

주어 (주인공)	조동사 (가능) + 동사 (동작)	전치사 (방향) + 명사 (장소)	부사 (어떻게)
I	can go	to the school	fast
나는	갈 수 있다	그 학교를 향해	빠르게

 〈주인공 + 가능 + 동작 + 방향 + 장소 + 어떻게〉의 문장 표현

'천천히', '빠르게' 등 '어떻게'의 뜻을 지니고 있는 '부사'들이 장소 표현 뒤에 나오는 경우가 있어요.
그리고 이 '부사'들은 동작을 나타내는 '동사'가 어떠하다고 꾸며주는 역할을 해요.

☑
**Quiz
1**

아래의 우리말을 영어로 써 보세요

＊ 나는 빠르게 그 학교를 향해 갈 수 있다.

→ _____ .

① 방법을 나타내는 부사 1

시간이나 교통수단 외에도 장소 표현 다음에는 다양한 부사들이 들어갈 수 있어요. '부사'란 동작을 나타내는 동사를 꾸며주는 말이라고 했죠? 즉 '천천히', '빠르게' 등 '어떻게'에 대한 설명을 해주는 말이에요.

slowly 느리게	carefully 조심스럽게
- - - - - - - - - - - - - - - - - - -	- - - - - - - - - - - - - - - - - - - .

✒ 한 가지만 더!

형용사 뒤에 ly를 붙이면 대개 '부사'가 돼요.

ex) slow (느린) → slowly (느리게) / careful (조심스러운) → carefully (조심스럽게)

② 방법을 나타내는 부사 2

형용사에 ly가 붙어 '부사'가 되는 경우도 있지만 형용사와 부사가 같은 모양인 단어들도 있어요. 아래의 fast나 early는 형용사나 부사의 모양이 같은 단어들이에요.

fast 빠른, 빠르게	early 이른, 일찍
- - - - - - - - - - - - - - - - - - -	- - - - - - - - - - - - - - - - - - -

---

☑ Quiz 2

우리말을 참고하여 빈칸에 알맞은 말을 영어로 쓰세요.

1 나는 느리게 그 도서관에 갈 수 있다.

→ I can go to the _ _ _ _ _ _ _ _ _ .

2 그녀는 빠르게 그 교회에 갈 수 있다.

→ She can go to the _ _ _ _ _ _ _ _ .

3 너는 일찍 그 학교에 갈 수 있다.

→ You can go to the _ _ _ _ _ _ _ _ .

4 그들은 조심스럽게 그 병원에 갈 수 있다.

→ They can go to the _ _ _ _ _ _ _ _ .

🎧 2-08   음성을 들으며 차례대로 2번씩 따라 말해 보세요.

1 ❶ I   나는

  ❷ I can go   나는 갈 수 있다

  ❸ I can go to the school   나는 갈 수 있다 그 학교를 향해

  ❹ I can go to the school fast.   나는 갈 수 있다 그 학교를 향해 빠르게

2 ❶ You   너는

  ❷ You can go   너는 갈 수 있다

  ❸ You can go to the hospital   너는 갈 수 있다 그 병원을 향해

  ❹ You can go to the hospital slowly.   너는 갈 수 있다 그 병원을 향해 느리게

3 ❶ They   그들은

  ❷ They can go   그들은 갈 수 있다

  ❸ They can go to the park   그들은 갈 수 있다 그 공원을 향해

  ❹ They can go to the park early.   그들은 갈 수 있다 그 공원을 향해 일찍

4 ❶ She   그녀는

  ❷ She can go   그녀는 갈 수있다

  ❸ She can go to the shop   그녀는 갈 수있다 그 가게를 향해

  ❹ She can go to the shop carefully.   그녀는 갈 수있다 그 가게를 향해 조심스럽게

fast, slowly, early, carefully
처럼 동사를 꾸며주는 부사는
대개 문장의 끝에 와요.

영어의 어순에 맞게 다음 빈칸을 채워 보세요.

	주어 (주인공)	조동사 (가능) + 동사 (동작)	전치사 (방향) + 명사 (장소)	부사 (어떻게)
1	나는			
	나는	갈 수 있다		
	나는	갈 수 있다	그 학교를 향해	
	나는	갈 수 있다	그 학교를 향해	빠르게
2	너는			
	너는	갈 수 있다		
	너는	갈 수 있다	그 병원을 향해	
	너는	갈 수 있다	그 병원을 향해	느리게
3	그들은			
	그들은	갈 수 있다		
	그들은	갈 수 있다	그 공원을 향해	
	그들은	갈 수 있다	그 공원을 향해	일찍
4	그녀는			
	그녀는	갈 수 있다		
	그녀는	갈 수 있다	그 가게를 향해	
	그녀는	갈 수 있다	그 가게를 향해	조심스럽게

▶ 정답은 31페이지 참조

Practice 1

① 다음 그림이 나타내는 문장을 써 보세요.

1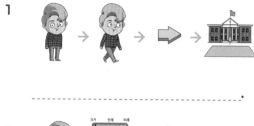

_____ .

2

_____ .

3

_____ .

4

_____ .

② 다음 단어와 뜻이 서로 맞는 것끼리 연결하세요.

1 school   ○   ○   지하철
2 subway   ○   ○   병원
3 hospital   ○   ○   교회
4 church   ○   ○   느리게
5 slowly   ○   ○   일찍
6 early   ○   ○   학교

③ 오른쪽 문장을 읽고 해당되는 단어로 빈칸을 채워 보세요.

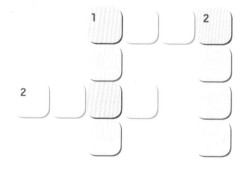

Across

1 나는 빠르게 그 학교를 향해
갈 수 있다.
I can go to the school
_____ .

2 그녀는 조심스럽게 그 가게를
향해 갈 수 있다.
She can go to the _____
carefully.

Down

1 그는 걸어서 그 가게를
향해 갔다.
He went to the shop
on _____ .

2 우리는 택시를 타고
그 병원을 향해 갔다.
We went to the
hospital by _____ .

4 다음 카드들의 번호를 어순에 맞게 써 보세요.

1
①	②	③	④
He	to	goes	the shop

( ) → ( ) → ( ) → ( )

2
①	②	③	④
goes	to	She	the library

( ) → ( ) → ( ) → ( )

3
①	②	③	④
You	go	the hospital	to

( ) → ( ) → ( ) → ( )

4
①	②	③	④
go	the park	to	They

( ) → ( ) → ( ) → ( )

5 다음 우리말을 영어로 바꿔 쓰세요.

1 나는 버스를 타고 그 학교를 향해 갔다. → _____.

2 그들은 지하철을 타고 그 공원을 향해 갔다. → _____.

3 너는 느리게 그 병원을 향해 갈 수 있다. → _____.

4 그들은 일찍 그 공원을 향해 갈 수 있다. → _____.

5 우리는 그 교회를 향해 간다. → _____.

6 그는 걸어서 그 가게를 향해 갔다. → _____.

6 다음 밑줄 친 부분에서 잘못된 곳을 찾아 바르게 고쳐 쓰세요. (단, Chapter 1에서 제시된 문장을 사용해 주세요.)

1 I will go to the school <u>nine</u>. → ------------------------------.

2 He will go to the shop <u>on today</u>. → ------------------------------.

3 We will go to the hospital <u>in three</u>. → ------------------------------.

4 They will go to the park <u>in Monday</u>. → ------------------------------.

5 I can <u>go the school</u> fast. → ------------------------------.

6 We went to the hospital <u>on taxi</u>. → ------------------------------.

Chapter 2

2형식 어순 익히기

주어

동사   보어

✓CHECK UP!

단어를 들으며 5번씩 따라 읽어 보세요!

🎧 2-09
UNIT 05

my
나의

your
너의

his
그의

her
그녀의

friend
친구

brother
형제

sister
언니, 누나

puppy
강아지

cat
고양이

real
진정한

lovely
사랑스러운

gentleman
신사

lady
숙녀

pet
애완동물

🎧 2-11
UNIT 06

child
아이

son
아들

daughter
딸

really
정말

quiet
조용한

tender
상냥한

🎧 2-13
UNIT 07

father
아버지

parents
부모님

cousins
사촌들

tired
피곤한

pleasant
기쁜

now
지금

today
오늘

🎧 2-15
UNIT 08

prince
왕자

radio
라디오

apple
사과

food
음식

princess
공주

look
~처럼 보이다

sound
~한 소리가 나다

taste
~한 맛이 나다

smell
~한 냄새가 나다

feel
~한 느낌이 나다

strange
이상한

sleepy
졸린

UNIT 05

My friend is a pretty girl.

나의 친구는 예쁜 소녀이다.

주어 (누구의 주인공)	동사 (현재 상태)	보어 (어떠한 사람)
My friend	is	a pretty girl
나의 친구는	이다	예쁜 소녀

 〈누구의 주인공 + 현재 상태 + 어떠한 사람〉의 문장 표현

지금까지 주인공은 '누가'에 해당하는 주인공만 배웠어요. 이번에는 '누구의 주인공'이 주어로 쓰이는 경우를 배워 봐요. 크게 '~이다'의 뜻을 지니고 있는 be동사를 기준으로, 앞에는 '누구의 주인공', 뒤에는 '어떠한 사람'을 나타내면 돼요. 이때 be동사 앞에 나와 있는 주인공과 뒤에 나와 있는 '어떠한 사람'은 같은 사람을 나타내요.

Quiz 1

아래의 우리말을 영어로 써 보세요.

* 나의 친구는 예쁜 소녀이다.

→ -- .

① 누구의 주인공

'누구의 주인공'에 대한 여러 표현들을 배워보아요.

My friend 나의 친구는	Your brother 너의 형은	Our teacher 우리의 선생님은
Their sister 그들의 누나는	His puppy 그의 강아지는	Her cat 그녀의 고양이는

☞ 한 가지만 더!

'나의', '너의', '우리의' 등처럼 '~의'에 해당하는 말을 '소유격'이라고 해요.

② 어떠한 사람

'어떠한 사람'에 대한 여러 표현들을 배워보아요.

a pretty girl 예쁜 소녀	a handsome boy 잘생긴 소년	a real gentleman 진정한 신사
a kind lady 친절한 숙녀	a small pet 작은 애완동물	a lovely animal 사랑스러운 동물

☞ 한 가지만 더!

'어떠한 사람'을 나타낼 때, '사람'에 붙었던 a나 the는 '사람' 앞에 '어떠한'에 해당하는 형용사가 오면 그 앞에 붙어요.

ex) pretty a girl (×) / a pretty girl (○)

Quiz 2

우리말을 참고하여 빈칸에 알맞은 말을 영어로 쓰세요.

1 His puppy is a _____ .   그의 강아지는 사랑스러운 동물이다.

2 My friend is a _____ .   나의 친구는 잘생긴 소년이다.

3 Our teacher is a _____ .   우리의 선생님은 친절한 숙녀이다.

4 Her cat is a _____ .   그녀의 고양이는 작은 애완동물이다.

🎧 2-10 음성을 들으며 차례대로 2번씩 따라 말해 보세요.

1 ❶ My friend   나의 친구는
   ❷ My friend is   나의 친구는 이다
   ❸ My friend is a pretty girl.   나의 친구는 이다 예쁜 소녀

2 ❶ Your brother   너의 형은
   ❷ Your brother is   너의 형은 이다
   ❸ Your brother is a handsome boy.   너의 형은 이다 잘생긴 소년

3 ❶ Our teacher   우리의 선생님은
   ❷ Our teacher is   우리의 선생님은 이다
   ❸ Our teacher is a real gentleman.   우리의 선생님은 이다 진정한 신사

4 ❶ Their sister   그들의 누나는
   ❷ Their sister is   그들의 누나는 이다
   ❸ Their sister is a kind lady.   그들의 누나는 이다 친절한 숙녀

5 ❶ His puppy   그의 강아지는
   ❷ His puppy is   그의 강아지는 이다
   ❸ His puppy is a small pet.   그의 강아지는 이다 작은 애완동물

6 ❶ Her cat   그녀의 고양이는
   ❷ Her cat is   그녀의 고양이는 이다
   ❸ Her cat is a lovely animal.   그녀의 고양이는 이다 사랑스러운 동물

영어의 어순에 맞게 다음 빈칸을 채워 보세요.

	주어 (누구의 주인공)	동사 (현재 상태)	보어 (어떠한 사람)
1	나의 친구는		
	나의 친구는	이다	
	나의 친구는	이다	예쁜 소녀
2	너의 형은		
	너의 형은	이다	
	너의 형은	이다	잘생긴 소년
3	우리의 선생님은		
	우리의 선생님은	이다	
	우리의 선생님은	이다	진정한 신사
4	그들의 누나는		
	그들의 누나는	이다	
	그들의 누나는	이다	친절한 숙녀
5	그의 강아지는		
	그의 강아지는	이다	
	그의 강아지는	이다	작은 애완동물
6	그녀의 고양이는		
	그녀의 고양이는	이다	
	그녀의 고양이는	이다	사랑스러운 동물

▶ 정답은 39페이지 참조

UNIT 06 My dog was very wise.

나의 개는 매우 영리했다.

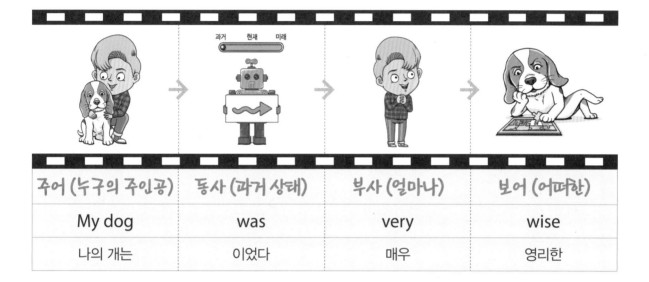

주어 (누구의 주인공)	동사 (과거 상태)	부사 (얼마나)	보어 (어떠한)
My dog	was	very	wise
나의 개는	이었다	매우	영리한

 <누구의 주인공 + 과거 상태 + 얼마나 + 어떠한>의 문장 표현

'누구의 주인공이 얼마나 어떠했다'라는 문장에서, '얼마나 어떠한'이라는 표현도 우리말과 마찬가지로 순서대로 써주면 돼요. 즉, '매우 영리한'이라는 말은 우리말 순서처럼 'very wise'로 나타낼 수 있어요. 그리고 과거의 상태 표현 '이었다'와 '어떠한'이 결합하여 '어떠했다'의 뜻이 돼요.

Quiz 1

아래의 우리말을 영어로 써 보세요.

* 나의 개는 매우 영리했다.

→ _____ .

① 주어(누구의 주인공)에 들어갈 표현

주어(누구의 주인공)에 들어갈 다양한 표현들이에요.

dog 개	child 아이	baby 아기
--------------------	--------------------	--------------------
students 학생들	son 아들	daughter 딸
--------------------	--------------------	--------------------

👆 **한 가지만 더!**

흔히 '복수형'은 단어 뒤에 '-s'를 붙여서 만들지만 아래와 같은 예외 상황도 있어요.

ex) baby처럼 '자음 + y'로 끝나는 말의 복수는 y를 i로 고치고 -es를 붙여 babies라고 나타내요.
그런데 child (어린 아이)의 복수형은 뒤에 -ren을 붙여서 children으로 나타내요.

② 부사에 들어갈 표현

어떤 상황의 '정도, 수준'을 나타내는 부사들이에요.

very 매우	too 너무	really 정말
--------------------	--------------------	--------------------

③ 보어(어떠한)에 들어갈 표현

'어떠한'에 해당하는 형용사들이에요. 이들 모두 주어를 보충해주는 보어의 역할을 할 수 있어요.

wise 영리한	quiet 조용한	cute 귀여운
--------------------	--------------------	--------------------
smart 똑똑한	tall 키가 큰	tender 상냥한
--------------------	--------------------	--------------------

Quiz 2

우리말을 참고하여 빈칸에 알맞은 말을 영어로 쓰세요.

1 _____ dog was _____ cute.   그녀의 개는 매우 귀여웠다.

2 _____ baby was _____ quiet.   나의 아기는 너무 조용했다.

3 _____ son was _____ smart.   그들의 아들은 정말 똑똑했다.

2-12 음성을 들으며 차례대로 2번씩 따라 말해 보세요.

1 ❶ My dog   나의 개는

  ❷ My dog was   나의 개는 이었다

  ❸ My dog was very wise.   나의 개는 이었다 매우 영리한

2 ❶ Your child   너의 아이는

  ❷ Your child was   너의 아이는 이었다

  ❸ Your child was too quiet.   너의 아이는 이었다 너무 조용한

3 ❶ Our baby   우리의 아기는

  ❷ Our baby was   우리의 아기는 이었다

  ❸ Our baby was really cute.   우리의 아기는 이었다 정말 귀여운

4 ❶ Their students   그들의 학생들은

  ❷ Their students were   그들의 학생들은 이었다

  ❸ Their students were very smart.   그들의 학생들은 이었다 매우 똑똑한

5 ❶ His son   그의 아들은

  ❷ His son was   그의 아들은 이었다

  ❸ His son was too tall.   그의 아들은 이었다 너무 키가 큰

6 ❶ Her daughter   그녀의 딸은

  ❷ Her daughter was   그녀의 딸은 이었다

  ❸ Her daughter was really tender.   그녀의 딸은 이었다 정말 상냥한

영어의 어순에 맞게 다음 빈칸을 채워 보세요.

	주어 (누구의 주인공)	동사 (과거 상태)	부사 (얼마나)	보어 (어떠한)
1	나의 개는			
	나의 개는	이었다		
	나의 개는	이었다	매우	영리한
2	너의 아이는			
	너의 아이는	이었다		
	너의 아이는	이었다	너무	조용한
3	우리의 아기는			
	우리의 아기는	이었다		
	우리의 아기는	이었다	정말	귀여운
4	그들의 학생들은			
	그들의 학생들은	이었다		
	그들의 학생들은	이었다	매우	똑똑한
5	그의 아들은			
	그의 아들은	이었다		
	그의 아들은	이었다	너무	키가 큰
6	그녀의 딸은			
	그녀의 딸은	이었다		
	그녀의 딸은	이었다	정말	상냥한

▶ 정답은 43페이지 참조

07 My father is tired now.

나의 아버지는 지금 피곤하다.

주어 (누구의 주인공)	동사 (현재 상태)	보어 (어떠한)	부사 (언제)
My father	is	tired	now
나의 아버지는	이다	피곤한	지금

 <누구의 주인공 + 현재 상태 + 어떠한 + 언제>의 문장 표현

누구의 주인공이 언제 어떠한 상태인지를 나타낼 때 쓰는 표현이에요. 상태를 나타내는 동사 뒤에 '어떠한'에 해당하는 내용을 넣어서 '누구의 주인공'에 대한 상태를 알려주고 있어요. 그리고 맨 마지막에는 now(지금)처럼 '언제'에 해당하는 표현을 쓸 수도 있어요.

Quiz 1

아래의 우리말을 영어로 써 보세요.

＊ 나의 아버지는 지금 피곤하다.

→ _____ .

❶ 누구(한 명)의 주인공

My father 나의 아버지는	is 이다	tired 피곤한	now 지금
---------- -------------	------------------	-------------------	------------------
His uncle 그의 삼촌은	is 이다	sad 슬픈	today 오늘
---------- -------------	------------------	-------------------	------------------

👆 한 가지만 더!
　주인공이 한 명이고 과거일 때 상태를 나타내는 동사는 was로 나타내요.
　ex) I was happy. 나는 행복했다.

❷ 누구(여러 명)의 주인공

Our parents 우리의 부모님은	are 이다	pleasant 즐거운	now 지금
---------- --------------	------------------	-------------------	------------------
Their cousins 그들의 사촌들은	are 이다	hungry 배고픈	today 오늘
---------- --------------	------------------	-------------------	------------------

👆 한 가지만 더!
　주인공이 여러 명이고 과거일 때 상태를 나타내는 동사는 were로 나타내요.
　ex) We were happy. 우리는 행복했다.

☑ Quiz 2

우리말을 참고하여 빈칸에 알맞은 말을 영어로 쓰세요.

1 His father is _____ . 　그의 아버지는 지금 피곤하다.
2 Our parents are _____ . 　우리의 부모님은 오늘 슬프다.
3 My uncle is _____ . 　나의 삼촌은 오늘 즐겁다.
4 Their cousins are _____ . 　그들의 사촌은 지금 배고프다.

STEP 3　문장의 어순 익히기

🎧 2-14 음성을 들으며 차례대로 2번씩 따라 말해 보세요.

1　❶ My father　　　　　　　　　　나의 아버지는
　　❷ My father is　　　　　　　　나의 아버지는 이다
　　❸ My father is tired　　　　　　나의 아버지는 이다 피곤한
　　❹ My father is tired now.　　　　나의 아버지는 이다 피곤한 지금

2　❶ His uncle　　　　　　　　　　그의 삼촌은
　　❷ His uncle is　　　　　　　　 그의 삼촌은 이다
　　❸ His uncle is sad　　　　　　 그의 삼촌은 이다 슬픈
　　❹ His uncle is sad today.　　　 그의 삼촌은 이다 슬픈 오늘

3　❶ Our parents　　　　　　　　　우리의 부모님은
　　❷ Our parents are　　　　　　 우리의 부모님은 이다
　　❸ Our parents are pleasant　　 우리의 부모님은 이다 즐거운
　　❹ Our parents are pleasant now.　우리의 부모님은 이다 즐거운 지금

4　❶ Their cousins　　　　　　　　그들의 사촌들은
　　❷ Their cousins are　　　　　　그들의 사촌들은 이다
　　❸ Their cousins are hungry　　 그들의 사촌들은 이다 배고픈
　　❹ Their cousins are hungry today.　그들의 사촌들은 이다 배고픈 오늘

'이다'와 '피곤한',
'이다'와 '슬픈',
'이다'와 '즐거운',
'이다'와 '배고픈'이 결합하면
각각 '피곤하다', '슬프다',
'즐겁다', '배고프다' 등으로
나타내요.

영어의 어순에 맞게 다음 빈칸을 채워 보세요.

	주어 (누구의 주인공)	동사 (현재 상태)	보어 (어떠한)	부사 (언제)
1	나의 아버지는			
	나의 아버지는	이다		
	나의 아버지는	이다	피곤한	
	나의 아버지는	이다	피곤한	지금
2	그의 삼촌은			
	그의 삼촌은	이다		
	그의 삼촌은	이다	슬픈	
	그의 삼촌은	이다	슬픈	오늘
3	우리의 부모님은			
	우리의 부모님은	이다		
	우리의 부모님은	이다	즐거운	
	우리의 부모님은	이다	즐거운	지금
4	그들의 사촌들은			
	그들의 사촌들은	이다		
	그들의 사촌들은	이다	배고픈	
	그들의 사촌들은	이다	배고픈	오늘

▶ 정답은 47페이지 참조

UNIT 08
My prince looks very healthy.

나의 왕자님은 매우 건강해 보인다.

STEP 1   그림으로 이해하기

주어 (누구의 주인공)	동사 (현재 감각)	부사 (얼마나)	보어 (어떠한)
My prince	looks	very	healthy
나의 왕자님은	보인다	매우	건강한

 〈누구의 주인공 + 현재 감각 + 얼마나 + 어떠한〉의 문장 표현

사람들은 일반적으로 다섯 가지 감각을 지니고 있어요. 즉, 눈으로 보는 '시각', 귀로 듣는 '청각', 혀로 맛보는 '미각', 코로 냄새 맡는 '후각', 손으로 만져 느끼는 '촉각' 등이 있어요. 영어에서도 이 감각들을 표현하는 동사들이 따로 있고, 그 동사 다음에 '얼마나 어떠한'에 해당하는 단어들이 올 수 있어요.

☑️ Quiz 1

아래의 우리말을 영어로 써 보세요.

* 나의 왕자님은 매우 건강해 보인다.

→ _____ .

❶ 감각을 나타내는 동사

사람이 기본적으로 가지고 있는 '오감(시각, 청각, 미각, 후각, 촉각)'을 나타내는 동사들을 익혀 봐요.

My prince 나의 왕자님은	looks ~처럼 보인다	very 매우	healthy 건강한	
Your radio 너의 라디오는	sounds ~한 소리가 난다	very 매우	strange 이상한	
His apple 그의 사과는	tastes ~한 맛이 난다	very 매우	delicious 맛있는	
Her food 그녀의 음식은	smells ~한 냄새가 난다	very 매우	sweet 향긋한	
Our princess 우리의 공주님은	feels ~한 느낌이 난다	very 매우	sleepy 졸린	

👆 한 가지만 더!
  위 감각 동사들의 과거형은 모두 뒤에 −ed나 −d를 붙여서 나타내요. 단, feel만 그 형태가 달라요.
  ex) feel (현재) → felt (과거)

❷ 동사 + −s

위의 주어에서 my prince는 'he', Your radio는 'it', Our princess는 'she'와 같은 의미를 갖고 있는 말이에요. 따라서 이들은 '3인칭 단수형'이기 때문에 주어로 쓰일 때 동사 끝에는 −s를 붙여야 해요.
ex) My prince look ~ (×) / My prince looks ~ (○)

☑ Quiz 2

우리말을 참고하여 빈칸에 알맞은 말을 영어로 쓰세요.

1 Your food smells _____ .   너의 음식은 매우 향긋한 냄새가 난다.

2 Her prince looks _____ .   그녀의 왕자님은 매우 졸린 것처럼 보인다.

3 Our radio sounds _____ .   우리의 라디오는 매우 이상한 소리가 난다.

4 His princess looks _____ .   그의 공주님은 매우 건강해 보인다.

5 My apple tastes _____ .   나의 사과는 매우 맛있는 맛이 난다.

🎧 2-16 음성을 들으며 차례대로 2번씩 따라 말해 보세요.

1 ❶ My prince   나의 왕자님은
   ❷ My prince looks   나의 왕자님은 보인다
   ❸ My prince looks very healthy.   나의 왕자님은 보인다 매우 건강한

2 ❶ Your radio   너의 라디오는
   ❷ Your radio sounds   너의 라디오는 소리가 난다
   ❸ Your radio sounds very strange.   너의 라디오는 소리가 난다 매우 이상한

3 ❶ His apple   그의 사과는
   ❷ His apple tastes   그의 사과는 맛이 난다
   ❸ His apple tastes very delicious.   그의 사과는 맛이 난다 매우 맛있는

4 ❶ Her food   그녀의 음식은
   ❷ Her food smells   그녀의 음식은 냄새가 난다
   ❸ Her food smells very sweet.   그녀의 음식은 냄새가 난다 매우 향긋한

5 ❶ Our princess   우리의 공주님은
   ❷ Our princess feels   우리의 공주님은 느낀다
   ❸ Our princess feels very sleepy.   우리의 공주님은 느낀다 매우 졸린

위 동사들의 과거형은
각각 looked, sounded, tasted,
smelled, felt 등으로
나타내요.

영어의 어순에 맞게 다음 빈칸을 채워 보세요.

	주어 (누구의 주인공)	동사 (현재 감각)	부사 (얼마나)	보어 (어떠한)
1	나의 왕자님은			
	나의 왕자님은	보인다		
	나의 왕자님은	보인다	매우	피곤한
2	너의 라디오는			
	너의 라디오는	소리가 난다		
	너의 라디오는	소리가 난다	매우	이상한
3	그의 사과는			
	그의 사과는	맛이 난다		
	그의 사과는	맛이 난다	매우	맛있는
4	그녀의 음식은			
	그녀의 음식은	냄새가 난다		
	그녀의 음식은	냄새가 난다	매우	향긋한
5	우리의 공주님은			
	우리의 공주님은	느낀다		
	우리의 공주님은	느낀다	매우	졸린

▶ 정답은 51페이지 참조

Practice 2

1 다음 그림이 나타내는 문장을 써 보세요.

1 _____ .

2 _____ .

3 _____ .

4 _____ .

2 다음 단어와 뜻이 서로 맞는 것끼리 연결하세요.

1 lovely ○   ○ 딸

2 daughter ○   ○ 느끼다

3 feel ○   ○ 이상한

4 tired ○   ○ 피곤한

5 strange ○   ○ 배고픈

6 hungry ○   ○ 사랑스러운

3 오른쪽 문장을 읽고 해당되는 단어로 빈칸을 채워 보세요.

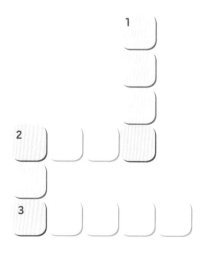

Across

2 우리의 아기는 정말 귀여웠다.
  Your baby was really _____ .

3 나의 아버지는 지금 피곤하다.
  My father is _____ now.

Down

1 나의 개는 매우 영리했다.
  1. My dog was very _____ .

2 그녀의 고양이는 사랑스러운 동물이다.
  Her _____ is a lovely animal.

4 다음 카드들의 번호를 어순에 맞게 써 보세요.

1
① My ② friend ③ is ④ a pretty girl

( ) → ( ) → ( ) → ( )

2
① Their students ② vey ③ smart ④ were

( ) → ( ) → ( ) → ( )

3
① was ② too ③ His son ④ tall

( ) → ( ) → ( ) → ( )

4
① sister ② Their ③ a kind lady ④ is

( ) → ( ) → ( ) → ( )

5 다음 우리말을 영어로 바꿔 쓰세요.

1 너의 라디오는 매우 이상한 소리가 난다. →   .

2 우리의 선생님은 진정한 신사이다. →   .

3 너의 아이는 너무 조용했다. →   .

4 그녀의 딸은 정말 상냥했다. →   .

5 그의 삼촌은 오늘 슬프다. →   .

6 그들의 사촌들은 오늘 배고프다. →   .

6 다음 밑줄 친 부분에서 잘못된 곳을 찾아 바르게 고쳐 쓰세요. (단, Chapter 2에서 제시된 문장을 사용해 주세요.)

1 My father is <u>tire</u> now. → ---------------------------------- .

2 His puppy is <u>small a pet</u>. → ---------------------------------- .

3 Your brother <u>are</u> a handsome boy. → ---------------------------------- .

4 My prince <u>look</u> very healthy. → ---------------------------------- .

5 His apple <u>taste</u> very delicious. → ---------------------------------- .

6 Our parents <u>is now pleasant</u>. → ---------------------------------- .

Chapter 3
3형식 어순 익히기

주어

동사

목적어

단어를 들으며 5번씩 따라 읽어 보세요!

🎧2-17
UNIT 09

🎧2-19
UNIT 10

🎧2-21
UNIT 11

🎧2-23
UNIT 12

UNIT 09	UNIT 10	UNIT 11	UNIT 12
hope 바라다	**hoped** 바랐다	**enjoy** 즐기다	**brown** 갈색
decide 결심하다	**decided** 결심했다	**avoid** 피하다	**nice** 멋진
plan 계획하다	**planned** 계획했다	**admit** 인정하다	**boring** 지루한
refuse 거절하다	**refused** 거절했다	**deny** 부인하다	**brave** 용감한
drink 마시다	**cold** 차가운	**play** 놀다	
help 돕다	**miserable** 불쌍한	**drive** 운전하다	
do 하다	**difficult** 어려운	**read** 읽다	
follow 따르다	**rude** 무례한	**meet** 만나다	
soda 탄산음료		**guitar** 기타	
friend 친구		**car** 차	
work 일		**book** 책	
order 주문		**reporter** 기자	

UNIT 09 I hope to drink a soda.

나는 탄산음료를 마시는 것을 바란다.

주어 (주인공)	동사 (현재 상태)	목적어 (행동하는 것)	명사 (무엇)
I	hope	to drink	a soda
나는	바란다	마시는 것을	탄산음료를

 〈주인공 + 현재 상태 + 행동하는 것 + 무엇〉의 문장 표현

우리가 평소에 말을 사용하다보면 동작이나 상태의 뜻을 나타내는 '~하다'의 표현을 '~하는 것', '~하기' 등으로 바꿔야할 때가 있어요. 영어에서 이렇게 바꿀 경우에는 '~하다'에 해당하는 단어 앞에 to만 붙여주면 돼요. 즉, '마시다'는 drink이지만 '마시는 것' 혹은 '마시기'는 to drink로 나타내요. 그리고 이때 to drink 다음에는 '무엇'이라는 말이 나와요. 그래서 '무엇을 마시는 것'이라는 뜻이 되지요.

✓ **Quiz 1**

아래의 우리말을 영어로 써 보세요.

* 나는 탄산음료를 마시는 것을 바란다.

→ _____ .

❶ '~하는 것' 또는 '~하기'의 뜻 만들기

우리말에서는 '~하다'라는 말을 '~하는 것', 혹은 '~하기'로 바꿔 사용하는 경우가 있어요. 영어에서 이렇게 표현할 때는 '~하다'에 해당하는 말 앞에 to만 붙이면 돼요.

drink 마시다	→ to drink 마시는 것	help 돕다	→ to help 돕는 것
do 하다	→ to do 하는 것	follow 따르다	→ to follow 따르는 것

❷ '~하다' + '하는 것' + (무엇/누구)를

'~하는 것' 혹은 '~하기' 뒤에는 '무엇' 혹은 '누구'에 해당하는 표현이 또 나올 수 있어요. 그 표현들을 익혀보세요.

hope 바라다	+	to drink 마시는 것을	+	a soda 탄산음료를
decide 결정하다	+	to help 돕는 것을	+	the friend 그 친구를
plan 계획하다	+	to do 하는 것을	+	the work 그 일을
refuse 거절하다	+	to follow 따르는 것을	+	your order 너의 주문을

☑ Quiz 2

우리말을 참고하여 빈칸에 알맞은 말을 영어로 쓰세요.

1 help 돕다 → _____ _____ 돕는 것

2 drink 마시다 → _____ _____ 마시는 것

3 do 하다 → _____ _____ 하는 것

4 refuse 거절하다 → _____ _____ 거절하는 것

🎧 2-18 음성을 들으며 차례대로 2번씩 따라 말해 보세요.

1 ❶ I   나는

   ❷ I hope   나는 바란다

   ❸ I hope to drink   나는 바란다 마시는 것을

   ❹ I hope to drink a soda.   나는 바란다 마시는 것을 탄산음료를

2 ❶ We   우리는

   ❷ We decide   우리는 결정한다

   ❸ We decide to help   우리는 결정한다 돕는 것을

   ❹ We decide to help the friend.   우리는 결정한다 돕는 것을 그 친구를

3 ❶ They   그들은

   ❷ They plan   그들은 계획한다

   ❸ They plan to do   그들은 계획한다 하는 것을

   ❹ They plan to do the work.   그들은 계획한다 하는 것을 그 일을

4 ❶ He   그는

   ❷ He refuses   그는 거절한다

   ❸ He refuses to follow   그는 거절한다 따르는 것을

   ❹ He refuses to follow your order. 그는 거절한다 따르는 것을 너의 주문을

hope, decide,
plan, refuse 등은 뒤에
'to + 동사원형'의 형태만
올 수 있고 '~ing' 형태는
올 수 없어요.

영어의 어순에 맞게 다음 빈칸을 채워 보세요.

	주어 (주인공)	동사 (현재 상태)	목적어 (행동하는 것)	명사 (무엇/누구)
1	나는			
	나는	바란다		
	나는	바란다	마시는 것을	
	나는	바란다	마시는 것을	탄산음료를
2	우리는			
	우리는	결정한다		
	우리는	결정한다	돕는 것을	
	우리는	결정한다	돕는 것을	그 친구를
3	그들은			
	그들은	계획한다		
	그들은	계획한다	하는 것을	
	그들은	계획한다	하는 것을	그 일을
4	그는			
	그는	거절한다		
	그는	거절한다	따르는 것을	
	그는	거절한다	따르는 것을	너의 주문을

▶ 정답은 59페이지 참조

I hoped to drink a cold soda.

나는 차가운 탄산음료를 마시는 것을 바랐다.

STEP 1 그림으로 이해하기

주어 (주인공)	동사 (과거 상태)	목적어 (행동하는 것)	형용사 (어떠한)	명사 (무엇)
I	hoped	to drink	a cold	soda
나는	바랐다	마시는 것	차가운	탄산음료를

 〈주인공 + 과거 상태 + 행동하는 것 + 어떠한 + 무엇〉의 문장 표현

이전 UNIT에서 배웠던 I hope to drink a soda.에서 맨 마지막의 soda 앞에 '어떠한'에 해당하는 형용사가 올 수 있어요. 이 때 우리말과 마찬가지로 '어떠한'은 soda와 같은 명사 앞에 놓이게 돼요.

Quiz
1

아래의 우리말을 영어로 써 보세요.

* 나는 차가운 탄산음료를 마시는 것을 바랐다.

→ _____ .

❶ 형용사(어떠한) + (무엇/누구)

어떤 물건이나 사람을 좀 더 꾸며주고 싶을 때 그 물건이나 사람 앞에 형용사를 넣어 꾸며주면 돼요.

a cold soda　차가운 음료	the miserable friend　그 불쌍한 친구
the difficult work　그 어려운 일	your rude order　너의 무례한 주문

❷ -e로 끝난 동사의 과거형

대부분 동사들은 끝에 -ed를 붙여서 과거형을 만들어요. 하지만 -e로 끝난 동사들은 굳이 -e를 또 붙일 필요가 없기 때문에 그냥 -d만 붙여주면 돼요.

hope　바라다	→	hoped　바랐다
decide　결정하다	→	decided　결정했다
refuse　거절하다	→	refused　거절했다

✍ 한 가지만 더!

plan처럼 단어의 철자가 「단모음 + 단자음」으로 끝날 경우에는 끝의 자음을 하나 더 붙이고 '-ed'를 붙여서 과거형을 나타내요.

ex) plan (계획하다) → planned (계획했다) / admit (인정하다) → admitted (인정했다)

☑ **Quiz 2**

( ) 안의 단어들을 우리말에 맞게 순서대로 쓰세요.

1 차가운 음료 (a, soda, cold) → _____

2 그 불쌍한 친구 (miserable, the, friend) → _____

3 그 어려운 일 (work, difficult, the) → _____

4 너의 무례한 주문 (your, order, rude) → _____

🎧 2-20　음성을 들으며 차례대로 2번씩 따라 말해 보세요.

1　❶ I hoped　　　　　　　　　　　나는 바랐다

　　❷ I hoped to drink　　　　　　　나는 바랐다 마시는 것을

　　❸ I hoped to drink a cold　　　　나는 바랐다 마시는 것을 차가운

　　❹ I hoped to drink a cold soda.　나는 바랐다 마시는 것을 차가운 탄산음료를

2　❶ You　　　　　　　　　　　　너는 결정했다

　　❷ You decided to help　　　　　너는 결정했다 돕는 것을

　　❸ You decided to help the miserable　너는 결정했다 돕는 것을 그 불쌍한

　　❹ You decided to help the miserable friend.　너는 결정했다 돕는 것을 그 불쌍한 친구를

3　❶ They planned　　　　　　　　그들은 계획했다

　　❷ They planned to do　　　　　그들은 계획했다 하는 것을

　　❸ They planned to do the difficult　그들은 계획했다 하는 것을 그 어려운

　　❹ They planned to do the difficult work.　그들은 계획했다 하는 것을 그 어려운 일을

4　❶ She refused　　　　　　　　　그녀는 거절했다

　　❷ She refused to follow　　　　　그녀는 거절했다 따르는 것을

　　❸ She refused to follow your rude　그녀는 거절했다 따르는 것을 너의 무례한

　　❹ She refused to follow your rude order.　그녀는 거절했다 따르는 것을 너의 무례한 주문을

'-e'로 끝나는 동사의 과거형은
'-d'만 붙인다는 사실을
꼭 기억해 두세요.

영어의 어순에 맞게 다음 빈칸을 채워 보세요.

	주어 (주인공)	동사 (과거 동작)	목적어 (행동하는 것)	형용사 (어떠한)	명사 (무엇 / 누구)
1	나는				
	나는	바랐다			
	나는	바랐다	마시는 것을	차가운	
	나는	바랐다	마시는 것을	차가운	탄산음료를
2	너는				
	너는	결정했다			
	너는	결정했다	돕는 것을	그 불쌍한	
	너는	결정했다	돕는 것을	그 불쌍한	친구를
3	그들은				
	그들은	계획했다			
	그들은	계획했다	하는 것을	그 어려운	
	그들은	계획했다	하는 것을	그 어려운	일을
4	그녀는				
	그녀는	거절했다			
	그녀는	거절했다	따르는 것을	너의 무례한	
	그녀는	거절했다	따르는 것을	너의 무례한	주문을

▶ 정답은 63페이지 참조

UNIT 11 I will enjoy playing the guitar.

나는 기타를 치는 것을 즐길 것이다.

STEP 1　그림으로 이해하기

주어 (주인공)	동사 (미래 동작)	목적어 (행동하는 것)	명사 (무엇)
I	will enjoy	playing	the guitar
나는	즐길 것이다	치는 것을	기타를

 〈주인공 + 미래 동작 + 행동하는 것 + 무엇〉의 문장 표현

'행동하다'를 '행동하는 것'으로 바꾸는 요령은 이미 이전 UNIT에서 배웠어요. 그런데 '행동하는 것'을 또 다르게 나타내는 방법이 있어요. 그것은 동사 뒤에 '–ing'를 붙이는 방법이에요. 즉, 'play(놀다)'를 '행동하는 것'으로 나타내려고 하면 'playing(노는 것)'으로 바꿔주면 돼요. 특히 동사가 enjoy일 경우 뒤에 동사의 형태가 나올 때에는 '–ing'만 붙여야 해요.

Quiz 1 아래의 우리말을 영어로 써 보세요.

* 나는 기타를 치는 것을 즐길 것이다.

→ _____ .

❶ '~하는 것' 또는 '~하기'의 또 다른 표현

영어에서 '~하다'라는 동사를 '~하는 것'이라고 표현하려면 그 동사 앞에 to를 붙이면 돼요. 그런데 또 다른 방법도 있어요. to 외에 동사 뒤에 '-ing'를 붙여도 '~하는 것'이라는 뜻을 나타내요.

play 놀다	→ playing 노는 것	read 읽다	→ reading 읽는 것
drive 운전하다	→ driving 운전하는 것	meet 만나다	→ meeting 만나는 것

❷ '~하다' + '~하는 것' + (무엇/누구)를

'~하는 것' 혹은 '~하기' 뒤에 무엇 혹은 누구에 해당하는 말이 나올 경우가 있어요. 이럴 때는 '~하는 것' 혹은 '~하기' 뒤에 무엇 혹은 누구에 해당하는 말을 넣어주면 돼요.

enjoy 즐긴다	playing 치는 것을	the guitar 기타를
avoid 피한다	driving 운전하는 것을	a car 차를
admit 인정한다	reading 읽는 것을	the book 그 책을
deny 부인한다	meeting 만나는 것을	the reporter 그 기자를

☑ **Quiz 2**

다음 표현들을 우리말로 써 보세요.

1 playing the guitar　→ _____

2 driving a car　→ _____

3 reading the book　→ _____

4 meeting the reporter　→ _____

2-22 음성을 들으며 차례대로 2번씩 따라 말해 보세요.

1 ❶ I 나는

❷ I will enjoy 나는 즐길 것이다

❸ I will enjoy playing 나는 즐길 것이다 치는 것을

❹ I will enjoy playing the guitar. 나는 즐길 것이다 치는 것을 기타를

2 ❶ We 우리는

❷ We will avoid 우리는 피할 것이다

❸ We will avoid driving 우리는 피할 것이다 운전하는 것을

❹ We will avoid driving the car. 우리는 피할 것이다 운전하는 것을 그 차를

3 ❶ They 그들은

❷ They will admit 그들은 인정할 것이다

❸ They will admit reading 그들은 인정할 것이다 읽는 것을

❹ They will admit reading the book. 그들은 인정할 것이다 읽는 것을 그 책을

4 ❶ He 그는

❷ He will deny 그는 부인할 것이다

❸ He will deny meeting 그는 부인할 것이다 만나는 것을

❹ He will deny meeting the reporter. 그는 부인할 것이다 만나는 것을 그 기자를

enjoy, avoid, admit, deny 등은
뒤에 '-ing' 형태만 올 수 있고,
'to + 동사원형'의 형태는
올 수 없어요.

영어의 어순에 맞게 다음 빈칸을 채워 보세요.

	주어 (주인공)	동사 (미래 상태)	목적어 (행동하는 것)	명사 (무엇)
1	나는			
	나는	즐길 것이다		
	나는	즐길 것이다	치는 것을	
	나는	즐길 것이다	치는 것을	기타를
2	우리는			
	우리는	피할 것이다		
	우리는	피할 것이다	운전하는 것을	
	우리는	피할 것이다	운전하는 것을	그 차를
3	그들은			
	그들은	인정할 것이다		
	그들은	인정할 것이다	읽는 것을	
	그들은	인정할 것이다	읽는 것을	그 책을
4	그는			
	그는	부인할 것이다		
	그는	부인할 것이다	만나는 것을	
	그는	부인할 것이다	만나는 것을	그 기자를

▶ 정답은 67페이지 참조

I must enjoy playing the brown guitar.
나는 그 갈색 기타를 치는 것을 즐겨야 한다.

주어 (주인공)	조동사 (의무) + 동사 (동작)	목적어 (행동하는 것)	형용사 (어떠한)	명사 (무엇)
I	must enjoy	playing	the brown	guitar
나는	즐겨야 한다	치는 것	그 갈색	기타를

〈주인공 + 의무 + 동작 + 행동하는 것 + 어떠한 + 무엇〉의 문장 표현

이번에도 '행동하는 것' 뒤에 나와서 '무엇'을 꾸며주는 말을 배워 보도록 해요. 우리말과 마찬가지로 이럴 경우 '어떠한'이라는 뜻의 형용사를 명사 앞에 넣어 사용하면 돼요.

아래의 우리말을 영어로 써 보세요

Quiz 1

* 나는 그 갈색 기타를 치는 것을 즐겨야 한다.

→ _____ .

❶ 형용사(어떠한) + (무엇)

어떤 사물을 좀 더 꾸며주고 싶을 때 그 사물 앞에 형용사를 넣어 꾸며주면 돼요.

the brown guitar　그 갈색 기타　　　　　**the nice car**　그 멋진 차

👆 한 가지만 더!

'어떠한'의 뜻을 지니고 있는 형용사 중 '-ing'로 끝나며 '～한'의 뜻을 지닌 형용사들도 있어요.

ex) the boring book
　　 그 지루한 책

❷ 형용사 (어떠한) + (누구)

어떤 사람 앞에도 그 사람을 꾸며주는 말을 넣을 수 있어요.

the brave reporter　그 용감한 기자

Quiz 2

다음 표현들을 우리말로 써 보세요.

1 playing the brown guitar　→　..................................

2 driving a nice car　→　..................................

3 reading the boring book　→　..................................

4 meeting the brave reporter　→　..................................

🎧 2-24 음성을 들으며 차례대로 2번씩 따라 말해 보세요.

1 ❶ I

나는

❷ I must enjoy

나는 즐겨야 한다

❸ I must enjoy playing

나는 즐겨야 한다 치는 것을

❹ I must enjoy playing the brown guitar.

나는 즐겨야 한다 치는 것을 그 갈색 기타를

2 ❶ You

너는

❷ You must avoid

너는 피해야 한다

❸ You must avoid driving

너는 피해야 한다 운전하는 것을

❹ You must avoid driving the nice car.

너는 피해야 한다 운전하는 것을 그 멋진 차를

3 ❶ They

그들은

❷ They must admit

그들은 인정해야 한다

❸ They must admit reading

그들은 인정해야 한다 읽는 것을

❹ They must admit reading the boring book.

그들은 인정해야 한다 읽는 것을 그 지루한 책을

4 ❶ She

그녀는

❷ She must deny

그녀는 부인해야 한다

❸ She must deny meeting

그녀는 부인해야 한다 만나는 것을

❹ She must deny meeting the brave reporter.

그녀는 부인해야 한다 만나는 것을 그 용감한 기자를

영어의 어순에 맞게 다음 빈칸을 채워 보세요.

주어 (주인공)	조동사 (의무) + 동사 (동작)	목적어 (행동하는 것)	형용사 (어떠한)	명사 (무엇)
1 나는				
나는	즐겨야 한다			
나는	즐겨야 한다	치는 것을	그 갈색	
나는	즐겨야 한다	치는 것을	그 갈색	기타를
2 너는				
너는	피해야 한다			
너는	피해야 한다	운전하는 것을	그 멋진	
너는	피해야 한다	운전하는 것을	그 멋진	차를
3 그들은				
그들은	인정해야 한다			
그들은	인정해야 한다	읽는 것을	그 지루한	
그들은	인정해야 한다	읽는 것을	그 지루한	책을
4 그녀는				
그녀는	부인해야 한다			
그녀는	부인해야 한다	만나는 것을	그 용감한	
그녀는	부인해야 한다	만나는 것을	그 용감한	기자를

▶ 정답은 71페이지 참조

Practice 3

1 다음 그림이 나타내는 문장을 써 보세요.

1

_____ .

2

_____ .

3

_____ .

4

_____ .

2 다음 단어와 뜻이 서로 맞는 것끼리 연결하세요

1	drink	○		○	바라다
2	hope	○		○	마시다
3	soda	○		○	불쌍한
4	miserable	○		○	즐기다
5	nice	○		○	멋진
6	enjoy	○		○	탄산음료

3 오른쪽 문장을 읽고 해당되는 단어로 빈칸을 채워 보세요.

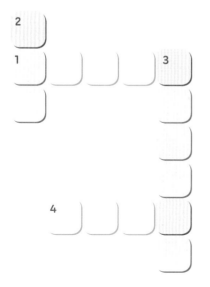

Across

1 우리는 그 차를 운전하는 것을 피할 것이다.

We will _____ driving the car.

4 나는 차가운 탄산음료를 마실 것을 바랐다.

I hoped to drink a _____ soda.

Down

2 너는 그 멋진 차를 운전하는 것을 피해야만 한다.

You must avoid driving a nice _____ .

3 우리는 그 친구를 돕는 것을 결심한다.

We _____ to help the friend.

④ 다음 카드들의 번호를 어순에 맞게 써 보세요.

1
①	②	③	④
hope	I	a soda	to drink

( ) → ( ) → ( ) → ( )

2
①	②	③	④
I	will enjoy	the guitar	playing

( ) → ( ) → ( ) → ( )

3
①	②	③	④
They	reading	will admit	the book

( ) → ( ) → ( ) → ( )

4
①	②	③	④
will deny	meeting	He	the reporter

( ) → ( ) → ( ) → ( )

⑤ 다음 우리말을 영어로 바꿔 쓰세요.

1 그들은 그 일을 하는 것을 계획한다.　　→ 　　　　　　　　　　　　.

2 너는 그 불쌍한 친구를 돕는 것을 결정했다.　　→ 　　　　　　　　　　　　.

3 나는 그 갈색 기타를 치는 것을 즐겨야 한다.　　→ 　　　　　　　　　　　　.

4 그녀는 그 용감한 기자를 만나는 것을 부인해야 한다.　　→ 　　　　　　　　　　　　.

5 그는 너의 주문을 따르는 것을 거절한다.　　→ 　　　　　　　　　　　　.

6 그들은 그 어려운 일을 하는 것을 계획했다.　　→ 　　　　　　　　　　　　.

⑥ 다음 밑줄 친 부분에서 잘못된 곳을 찾아 바르게 고쳐 쓰세요. (단, Chapter 3에서 제시된 문장을 사용해 주세요.)

1 She refused to follow <u>rude your order</u>.　　→ ------------------------------------.

2 They must admit reading the <u>bored</u> book.　　→ ------------------------------------.

3 I hope <u>drinking</u> a soda.　　→ ------------------------------------.

4 I will enjoy <u>to play</u> the guitar.　　→ ------------------------------------.

5 I hoped to drink <u>cold a soda</u>.　　→ ------------------------------------.

6 I must <u>enjoying play</u> the brown guitar.　　→ ------------------------------------.

Chapter 4

4형식 어순 익히기

주어 동사 간접목적어 직접목적어

✓CHECK UP!

단어를 들으며 5번씩 따라 읽어 보세요!

🎧2-25 **UNIT 13**

🎧2-27 **UNIT 14**

🎧2-29 **UNIT 15**

🎧2-31 **UNIT 16**

UNIT 13	UNIT 14	UNIT 15	UNIT 16
me 나에게, 나를	**gave** 주었다	**study** 공부하다	**teach** 가르치다
you 너에게, 너를	**told** 말했다	**play** 연주하다	**how to** ~하는 방법
us 우리에게, 우리를	**bought** 샀다	**English** 영어	**cook** 요리하다
them 그들에게, 그들을	**sent** 보냈다	**piano** 피아노	**draw** 그리다
him 그에게, 그를		**fact** 사실	**think** 생각하다
her 그녀에게, 그녀를		**clothes** 옷	
it 그것에게, 그것을			
give 주다			
tell 말하다			
buy 사다			
send 보내다			
book 책			
story 이야기			
watch 시계			
letter 편지			

UNIT 13

I give him a book.

나는 그에게 책을 준다.

STEP 1   그림으로 이해하기

주어 (주인공)	동사 (현재 동작)	간접목적어 (사람)	직접목적어 (무엇)
I	give	him	a book
나는	준다	그에게	책을

 〈주인공 + 현재 동작 + 사람 + 무엇〉의 문장 표현

give와 같은 동작 표현은 '주다'라는 뜻이므로, 그 뒤에 '누구에게'와 '무엇을'이라는 말이 한꺼번에 나와야 비로소 완전한 의미를 갖게 돼요. 왜냐하면 '주다'라는 의미의 성격상 필수적으로 누구에게 주는지, 그리고 무엇을 주는지에 대한 표현이 필요하기 때문이에요.

Quiz 1

아래의 우리말을 영어로 써 보세요.

＊ 나는 그에게 책을 준다.

→ _____ .

❶ 대명사(I, You, We, They, He, She, H)의 목적격(목적어 형태)

'I, You, We, They, He, She, It 등은 모두 명사를 대신하는 말이라 하여 '대명사'라고 해요. 그런데 이런 말들은 주어의 역할인지, 목적어의 역할인지, 혹은 소유의 의미를 갖고 있는지에 따라 그 형태가 달라져요.

주격		목적격	주격		목적격
I 나는	→	me 나에게, 나를	You 너는	→	you 너에게, 너를
We 우리는	→	us 우리에게, 우리를	They 그들은	→	them 그들에게, 그들을
He 그는	→	him 그에게, 그들을	She 그녀는	→	her 그녀에게, 그녀를

❷ 4형식 동사의 종류

그러면 '~에게'와 '~을, ~를'의 의미가 필요한 동작 표현들 중에서 자주 나오는 말들을 살펴보도록 해요.

I 나는	give 준다	him 그에게	a book 책을
We 우리는	tell 말한다	them 그들에게	the story 그 이야기를
They 그들은	buy 사 준다	us 우리에게	a watch 시계를
He 그는	sends 보낸다	her 그녀에게	the letter 그 편지를

✅ **Quiz 2**

우리말을 참고하여 빈칸에 알맞은 말을 영어로 쓰세요.

1 They _____ her a _____ .   그들은 그녀에게 시계를 사준다.

2 He _____ us the _____ .   그는 우리에게 그 이야기를 말한다.

STEP 3　문장의 어순 익히기

🎧 2-26　음성을 들으며 차례대로 2번씩 따라 말해 보세요.

1　❶ I　　　　　　　　　　　　　　　나는

　　❷ I give　　　　　　　　　　　　나는 준다

　　❸ I give him　　　　　　　　　　나는 준다 그에게

　　❹ I give him a book.　　　　　　나는 준다 그에게 책을

2　❶ We　　　　　　　　　　　　　우리는

　　❷ We tell　　　　　　　　　　　우리는 말한다

　　❸ We tell them　　　　　　　　우리는 말한다 그들에게

　　❹ We tell them the story.　　　우리는 말한다 그들에게 그 이야기를

3　❶ They　　　　　　　　　　　　그들은

　　❷ They buy　　　　　　　　　　그들은 사준다

　　❸ They buy us　　　　　　　　그들은 사준다 우리에게

　　❹ They buy us a watch.　　　　그들은 사준다 우리에게 시계를

4　❶ He　　　　　　　　　　　　　그는

　　❷ He sends　　　　　　　　　　그는 보낸다

　　❸ He sends her　　　　　　　　그는 보낸다 그녀에게

　　❹ He sends her the letter.　　　그는 보낸다 그녀에게 그 편지를

대명사 it(그것)은 '~에게'나
'~을, ~를'로 뜻이 바뀌어도
그대로 it을 쓰면 돼요.

영어의 어순에 맞게 다음 빈칸을 채워 보세요.

	주어 (주인공)	동사 (현재 동작)	간접목적어 (사람)	직접목적어 (무엇)
1	나는			
	나는	준다		
	나는	준다	그에게	
	나는	준다	그에게	책을
2	우리는			
	우리는	말한다		
	우리는	말한다	그들에게	
	우리는	말한다	그들에게	그 이야기를
3	그들은			
	그들은	사준다		
	그들은	사준다	우리에게	
	그들은	사준다	우리에게	시계를
4	그는			
	그는	보낸다		
	그는	보낸다	그녀에게	
	그는	보낸다	그녀에게	그 편지를

▶ 정답은 79페이지 참조

I gave you her book.

나는 너에게 그녀의 책을 주었다.

주어 (주인공)	동사 (과거 동작)	간접목적어 (사람)	직접목적어 (누구의 무엇)
I	gave	you	her book
나는	주었다	너에게	책을

<주인공 + 과거 동작 + 사람 + 누구의 무엇>의 문장 표현

'주인공이 누구에게 누구의 무엇을 주었다'라는 표현에서, '무엇' 앞에 '누구의'라는 단어를 넣으려고 해요. 그런데 이 부분은 우리말과 순서가 같아요. 예를 들어 '그녀의 책'이라는 말을 쓰고 싶으면 우리말 순서대로 'her book'이라고 써주면 돼요. 그리고 '누구의' 대신 '어떠한'에 해당하는 형용사도 마찬가지로 '무엇' 앞에 써주면 돼요.

Quiz 1

아래의 우리말을 영어로 써 보세요.

* 나는 너에게 그녀의 책을 주었다.

→ _____ .

❶ 4형식, 동사의 과거형

이 UNIT에서 배울 4형식 동사의 과거형을 익혀 보세요.

현재형	과거형
give 주다	gave 주었다
tell 말한다	told 말했다
buy 산다	bought 샀다
send 보낸다	sent 보냈다

❷ '누구의 무엇'

'~의'라는 소유의 뜻을 명사와 함께 사용할 경우에는 바로 그 명사 앞에 써 주면 돼요.

her book 그녀의 책	our story 우리의 이야기
-------- -----------	-------- -----------

👆 **한 가지만 더!**

'나', '너', 혹은 '그'와 같은 말 외에 '소년', '소녀', '친구' 등 일반인을 가리키는 말의 소유형태를 쓸 경우에는 그 말 뒤에 's를 넣어주면 돼요.

ex) 그 소년의 책 → the boy's book / 그 소녀의 반지 → the girl's ring

❸ '어떤 무엇'

'누구의 무엇'처럼 '무엇' 앞에 소유의 형태를 사용할 수 있지만 '무엇' 앞에 형용사를 넣어줄 수도 있어요. 예를 들어 '큰 책'처럼 '책' 앞에 '큰'이라는 형용사를 넣어 사용할 수도 있어요.

a small watch 작은 시계	a pretty letter 예쁜 편지
-------- ----------- ----------	-------- ----------- -----------

☑ **Quiz 2**

다음 표현들을 영어로 써 보세요.

1 우리의 책   → -------- -----------

2 예쁜 시계 → a ------------- ----------

3 그녀의 이야기 → ------- -----------

4 작은 편지 → a ------------- ------------

🎧 2-28 음성을 들으며 차례대로 2번씩 따라 말해 보세요.

1 ❶ I   나는

    ❷ I gave   나는 주었다

    ❸ I gave you   나는 주었다 너에게

    ❹ I gave you her book.   나는 주었다 너에게 그녀의 책을

2 ❶ You   너는

    ❷ You told   너는 말했다

    ❸ You told me   너는 말했다 내게

    ❹ You told me our story.   너는 말했다 내게 우리의 이야기를

3 ❶ They   그들은

    ❷ They bought   그들은 사주었다

    ❸ They bought us   그들은 사주었다 우리에게

    ❹ They bought us a small watch.   그들은 사주었다 우리에게 작은 시계를

4 ❶ She   그녀는

    ❷ She sent   그녀는 보냈다

    ❸ She sent him   그녀는 보냈다 그에게

    ❹ She sent him a pretty letter.   그녀는 보냈다 그에게 예쁜 편지를

her나 our 같은
소유격 앞에는 a나 the 등을
붙이지 않아요.

STEP 4 문장의 어순 훈련하기

영어의 어순에 맞게 다음 빈칸을 채워 보세요.

주어 (주인공)	동사 (과거 동작)	간접목적어 (사람)	직접목적어 ((누구의 / 어떠한) 무엇)
1 나는			
나는	주었다		
나는	주었다	너에게	
나는	주었다	너에게	그녀의 책을
2 너는			
너는	말했다		
너는	말했다	내게	
너는	말했다	내게	우리의 이야기를
3 그들은			
그들은	사주었다		
그들은	사주었다	우리에게	
그들은	사주었다	우리에게	작은 시계를
4 그녀는			
그녀는	보냈다		
그녀는	보냈다	그에게	
그녀는	보냈다	그에게	예쁜 편지를

▶ 정답은 83페이지 참조

I will promise him to study English.

나는 그에게 영어를 공부할 것을 약속할 것이다.

STEP 1 그림으로 이해하기

주어 (주인공)	동사 (미래 동작)	간접목적어 (사람)	직접목적어 (행동할 것)	명사 (무엇)
I	will promise	him	to study	English
나는	약속할 것이다	그에게	공부할 것을	영어를

 〈주인공 + 미래 동작 + 사람 + 행동할 것 + 무엇〉의 문장 표현

'누구에게'에 해당하는 간접목적어 뒤에 직접목적어로 '행동할 것'에 대한 표현이 나올 수도 있어요.
이럴 경우 '행동할 것'의 주인은 '간접목적어'가 아니라 문장의 주인공이라는 사실을 꼭 기억해야
해요.

☑
Quiz
1

아래의 우리말을 영어로 써 보세요.

* 나는 그에게 영어를 공부할 것을 약속할 것이다.

→ _____ .

❶ 직접목적어(행동할 것)

'행동하다'의 명사형인 '행동할 것'이 직접 목적어로 오는 경우가 있어요. 간접목적어 뒤에 쓰여 주인공이 그렇게 행동하겠다는 사실을 나타내요.

ex) I will promise him to study English. 나는 그에게 영어를 공부할 것을 약속할 것이다.

  → 약속은 나와 그가 하는 것이며, 공부는 내가 하는 것이다.

❷ 간접목적어(누구에게) + 직접목적어(행동할 것)

him 그에게	to study English	영어를 공부할 것
them 그들에게	to play the piano	피아노를 연주할 것
us 우리에게	to tell the fact	그 사실을 말할 것
her 그녀에게	to buy the clothes	그 옷을 사줄 것

Quiz 2

( ) 안의 단어들을 우리말에 맞게 순서대로 쓰세요.

1 He will promise (us, to, English, study)
그는 우리에게 영어를 공부할 것을 약속할 것이다.

---

2 I will promise (to, the, fact, tell, them)
나는 그들에게 그 사실을 말할 것을 약속할 것이다.

🎧 2-30 음성을 들으며 차례대로 2번씩 따라 말해 보세요.

1 ❶ I 나는

❷ I will promise 나는 약속할 것이다

❸ I will promise him 나는 약속할 것이다 그에게

❹ I will promise him to study English. 나는 약속할 것이다 그에게 공부할 것을 영어를

2 ❶ We 우리는

❷ We will promise 우리는 약속할 것이다

❸ We will promise them 우리는 약속할 것이다 그들에게

❹ We will promise them to play the piano. 우리는 약속할 것이다 그들에게 연주할 것을 피아노를

3 ❶ They 그들은

❷ They will promise 그들은 약속할 것이다

❸ They will promise us 그들은 약속할 것이다 우리에게

❹ They will promise us to tell the fact. 그들은 약속할 것이다 우리에게 말할 것을 그 사실을

4 ❶ He 그는

❷ He will promise 그는 약속할 것이다

❸ He will promise her 그는 약속할 것이다 그녀에게

❹ He will promise her to buy the clothes. 그는 약속할 것이다 그녀에게 사줄 것을 그 옷을

STEP 4　문장의 어순 훈련하기

영어의 어순에 맞게 다음 빈칸을 채워 보세요.

	주어 (주인공)	동사 (미래 동작)	간접목적어 (사람)	직접목적어 (행동할 것)	명사 (무엇)
1	나는	약속할 것이다			
	나는	약속할 것이다	그에게		
	나는	약속할 것이다	그에게	공부할 것을	
	나는	약속할 것이다	그에게	공부할 것을	영어를
2	우리는	약속할 것이다			
	우리는	약속할 것이다	그들에게		
	우리는	약속할 것이다	그들에게	연주할 것을	
	우리는	약속할 것이다	그들에게	연주할 것을	피아노를
3	그들은	약속할 것이다			
	그들은	약속할 것이다	우리에게		
	그들은	약속할 것이다	우리에게	말할 것을	
	그들은	약속할 것이다	우리에게	말할 것을	그 사실을
4	그는	약속할 것이다			
	그는	약속할 것이다	그녀에게		
	그는	약속할 것이다	그녀에게	사줄 것을	
	그는	약속할 것이다	그녀에게	사줄 것을	그 옷을

▶ 정답은 87페이지 참조

UNIT 16 · I can teach her how to cook.

나는 그녀에게 요리하는 방법을 가르칠 수 있다.

STEP 1 그림으로 이해하기

주어 (주인공)	조동사 (가능) + 동사 (동작)	간접목적어 (사람)	직접목적어 (행동하는 방법)
I	can teach	her	how to cook
나는	가르칠 수 있다	그녀에게	요리하는 방법을

 〈주인공 + 가능 + 동작 + 사람 + 행동하는 방법〉의 문장 표현

'누구에게'에 해당하는 간접목적어 뒤에 직접목적어로 '행동하는 방법'에 해당하는 표현이 나올 수 있어요. 행동하는 방법의 뜻은 'how + to + 동사'의 형태로 만들어 쓸 수 있어요.

Quiz 1

아래의 우리말을 영어로 써 보세요.

* 나는 그녀에게 요리하는 방법을 가르칠 수 있다.

→ _____ .

❶ 직접목적어(행동하는 방법)

'어떻게' 뜻을 지니고 있는 how라는 의문사와 to 다음에 동사가 결합하면 '행동하는 방법'으로 나타낼 수 있어요. 그리고 이러한 표현들이 직접목적어로 쓰일 수 있어요.

ex) how to cook 요리하는 방법 / how to go 가는 방법 / how to read 읽는 방법

❷ 간접목적어(누구에게) + 직접목적어(행동하는 방법)

	you 너에게	how to cook 요리하는 방법을
	us 우리에게	how to swim 수영하는 방법을
teach 가르친다		
	them 그들에게	how to draw 그림 그리는 방법을
	her 그녀에게	how to think 생각하는 방법을

☑
**Quiz
2**

다음 표현들을 우리말로 써보세요.

1 how to cook → _____.   2 how to swim → _____.

3 how to draw → _____.   4 how to think → _____.

🎧 2-32 음성을 들으며 차례대로 2번씩 따라 말해 보세요.

1 ❶ I   나는

❷ I can teach   나는 가르칠 수 있다

❸ I can teach you   나는 가르칠 수 있다 너에게

❹ I can teach you how to cook.   나는 가르칠 수 있다 너에게 요리하는 방법을

2 ❶ You   너는

❷ You can teach   너는 가르칠 수 있다

❸ You can teach me   너는 가르칠 수 있다 내게

❹ You can teach me how to swim.   너는 가르칠 수 있다 내게 수영하는 방법을

3 ❶ They   그들은

❷ They can   그들은 가르칠 수 있다

❸ They can teach us   그들은 가르칠 수 있다 우리에게

❹ They can teach us how to draw.   그들은 가르칠 수 있다 우리에게 그림 그리는 방법을

4 ❶ She   그녀는

❷ She can teach   그녀는 가르칠 수 있다

❸ She can teach him   그녀는 가르칠 수 있다 그에게

❹ She can teach him how to think.   그녀는 가르칠 수 있다 그에게 생각하는 방법을

조동사인 can 다음에는
항상 동사의 원래 형태만이
와야 해요.

영어의 어순에 맞게 다음 빈칸을 채워 보세요.

주어 (주인공)	조동사 (가능) + 동사 (동작)	간접목적어 (사람)	직접목적어 (행동하는 방법)
1 .... 나는			
.... 나는	... . 가르칠 수 있다		
.... 나는	... . 가르칠 수 있다	.... 너에게	
.... 나는	... . 가르칠 수 있다	.... 너에게	.... 요리하는 방법을
2 .... 너는			
.... 너는	... . 가르칠 수 있다		
.... 너는	... . 가르칠 수 있다	.... 내게	
.... 너는	... . 가르칠 수 있다	.... 내게	.... 수영하는 방법을
3 .... 그들은			
.... 그들은	... . 가르칠 수 있다		
.... 그들은	... . 가르칠 수 있다	.... 우리에게	
.... 그들은	... . 가르칠 수 있다	.... 우리에게	.... 그림 그리는 방법을
4 .... 그녀는			
.... 그녀는	... . 가르칠 수 있다		
.... 그녀는	... . 가르칠 수 있다	.... 그에게	
.... 그녀는	... . 가르칠 수 있다	.... 그에게	.... 생각하는 방법을

▶ 정답은 91페이지 참조

Practice 4

1 다음 그림이 나타내는 문장을 써 보세요.

2 다음 단어와 뜻이 서로 맞는 것끼리 연결하세요.

1	gave	○	○	약속하다
2	watch	○	○	가르치다
3	promise	○	○	주었다
4	teach	○	○	시계
5	clothes	○	○	옷, 의복
6	swim	○	○	수영하다

3 오른쪽 문장을 읽고 해당되는 단어로 빈칸을 채워 보세요.

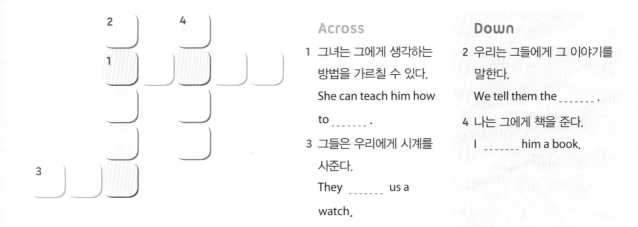

Across

1 그녀는 그에게 생각하는 방법을 가르칠 수 있다.
She can teach him how to _____ .

3 그들은 우리에게 시계를 사준다.
They _____ us a watch.

Down

2 우리는 그들에게 그 이야기를 말한다.
We tell them the _____ .

4 나는 그에게 책을 준다.
I _____ him a book.

4 다음 카드들의 번호를 어순에 맞게 써 보세요.

1 ① give ② him ③ a book ④ I

( ) → ( ) → ( ) → ( )

2 ① our story ② You ③ told ④ them

( ) → ( ) → ( ) → ( )

3 ① sends ② He ③ the letter ④ her

( ) → ( ) → ( ) → ( )

4 ① She ② him ③ sent ④ a pretty letter

( ) → ( ) → ( ) → ( )

5 다음 우리말을 영어로 바꿔 쓰세요.

1 그들은 우리에게 작은 시계를 사주었다. →

2 나는 그에게 영어를 공부할 것을 약속할 것이다. →

3 나는 너에게 요리하는 방법을 가르칠 수 있다. →

4 우리는 그들에게 피아노를 연주할 것을 약속할 것이다. →

5 그들은 우리에게 그 사실을 말할 것을 약속할 것이다. →

6 그는 그녀에게 그 옷을 사줄 것을 약속할 것이다. →

6 다음 밑줄 친 부분에서 잘못된 곳을 찾아 바르게 고쳐 쓰세요. (단, Chapter 4에서 제시된 문장을 사용해 주세요.)

1 You can teach me <u>how swim</u>. → ---------------------------------.

2 They can <u>teaches how to draw us</u>. → ---------------------------------.

3 I gave you <u>a her</u> book. → ---------------------------------.

4 I will promise him <u>English to study</u>. → ---------------------------------.

5 We tell <u>the story them</u>. → ---------------------------------.

6 They buy <u>to us watch</u>. → ---------------------------------.

Chapter 5

5형식 어순 익히기

주어

동사 목적어 목적보어

✓CHECK UP!

단어를 들으며 5번씩 따라 읽어 보세요!

🎧2-33
UNIT 17

want
원하다

clean
깨끗이 하다

finish
마치다

there
거기에

here
여기에

room
방

work
업무, 일

🎧2-35
UNIT 18

found
발견했다

movie
영화

exam
시험

building
건물

river
강

funny
재미있는

difficult
어려운

high
높은

deep
깊은

🎧2-37
UNIT 19

tourist
여행객

crew
선원

soldier
군인

excited
신나는

comfortable
편안한

fact
사실

shut
닫다

door
문

🎧2-39
UNIT 20

see
보다

studying
공부하고 있는 것

swimming
수영하고 있는 것

running
달리고 있는 것

singing
노래 부르고 있는 것

sing
노래부르다

I want him to go there.

나는 그가 거기에 가는 것을 원한다.

STEP 1 그림으로 이해하기

주어 (주인공)	동사 (현재 동작)	목적어 (사람)	직접목적어 (행동하는 것)	부사 (장소)
I	want	him	to go	there
나는	원한다	그가	가는 것을	거기에

 〈주인공 + 현재 동작 + 사람 + 행동하는 것 + 장소〉의 문장 표현

우리는 이미 앞에서 목적어가 들어간 표현을 배워봤어요. 즉 I want him.(나는 그를 원한다.)과 같은 표현이지요. 그런데 여기서 그가 무엇을 할 것을 원하는지 보충 설명을 해주어야 할 때가 있어요. 그래서 '나는 그가 거기에 가는 것을 원한다.'처럼 표현할 수 있어요. 이처럼, 목적어 뒤에 나와서 목적어를 보충 설명해주는 말을 '목적보어'라고 해요.

Quiz 1

아래의 우리말을 영어로 써 보세요.

* 나는 그가 거기에 가는 것을 원한다.

→ _____ .

❶ 목적어(누가) + 목적보어(행동하는 것을) + 부사(장소)

'누가'를 나타내는 목적어 뒤에 '행동하는 것을'에 해당하는 목적보어가 나올 수 있어요. 그리고 '행동하는 것을' 뒤에 장소 표현까지도 나타낼 수 있어요.

him 그가	to go 가는 것을	there 거기에
them 그들이	to come 오는 것을	here 여기에

❷ 목적어(누가) + 목적보어(행동하는 것을) + 명사(무엇을)

'행동하는 것'에 해당하는 직접목적어 뒤에 그 행동하는 것의 '무엇을'에 해당하는 목적어가 또 나올 수 있어요.

me 내가	to clean 청소하는 것을	the room 그 방을
us 우리가	to finish 끝내는 것을	the work 그 일을

Quiz 2

우리말을 참고하여 빈칸에 알맞은 말을 영어로 쓰세요.

1 I want them _____ _____. 나는 그들이 그 방을 청소하는 것을 원한다.

2 He wants me _____ _____. 그는 내가 여기에 오는 것을 원한다.

3 They want us _____ _____. 그들은 우리가 그 일을 끝내는 것을 원한다.

4 We want him _____ _____. 우리는 그가 거기에 가는 것을 원한다.

🎧 2-34 음성을 들으며 순서대로 따라 말해 보세요.

1
① I want   나는 원한다
② I want him   나는 원한다 그가
③ I want him to go   나는 원한다 그가 가는 것을
④ I want him to go there.   나는 원한다 그가 가는 것을 거기에

2
① We want   우리는 원한다
② We want them   우리는 원한다 그들이
③ We want them to come   우리는 원한다 그들이 오는 것을
④ We want them to come here.   우리는 원한다 그들이 오는 것을 여기에

3
① They want   그들은 원한다
② They want me   그들은 원한다 내가
③ They want me to clean   그들은 원한다 내가 청소하는 것을
④ They want me to clean the room.   그들은 원한다 내가 청소하는 것을 그 방을

4
① He wants   그는 원한다
② He wants us   그는 원한다 우리가
③ He wants us to finish   그는 원한다 우리가 끝내는 것을
④ He wants us to finish the work.   그는 원한다 우리가 끝내는 것을 그 일을

위의 목적어들이
'~가' 혹은 '~이'로 해석된다고
주어로 착각하면 안돼요. 엄연히
동사 뒤에 목적어 자리에
있으므로 목적격을
써줘야 해요.

영어의 어순에 맞게 다음 빈칸을 채워 보세요.

	주어 (주인공)	동사 (현재 동작)	목적어 (사람)	목적보어 (행동하는 것)	부사 (장소) / 명사 (무엇)
1	나는	원한다			
	나는	원한다	그가		
	나는	원한다	그가	가는 것을	
	나는	원한다	그가	가는 것을	거기에
2	우리는	원한다			
	우리는	원한다	그들이		
	우리는	원한다	그들이	오는 것을	
	우리는	원한다	그들이	오는 것을	여기에
3	그들은	원한다			
	그들은	원한다	내가		
	그들은	원한다	내가	청소하는 것을	
	그들은	원한다	내가	청소하는 것을	그 방을
4	그는	원한다			
	그는	원한다	우리가		
	그는	원한다	우리가	끝내는 것을	
	그는	원한다	우리가	끝내는 것을	그 일을

▶ 정답은 99페이지 참조

UNIT 18 · I found the movie funny.

나는 그 영화가 재미있다는 걸 발견했다.

STEP 1   그림으로 이해하기

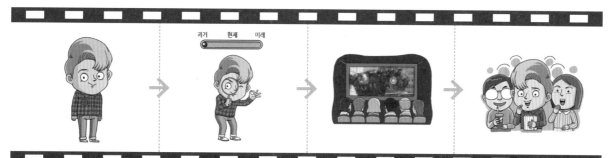

주어 (주인공)	동사 (과거 동작)	목적어 (사물)	목적보어 (어떠한)
I	found	the movie	funny
나는	발견했다	그 영화가	재미있는

 〈주인공 + 과거동작 + 사물 + 어떠한〉의 문장 표현

문장의 주인공과 동작 표현을 나타내는 동사 뒤에서 목적어인 '누가'에 해당하는 부분에 사람이 나올 수도 있지만 '영화', '건물' 등과 같은 사물이나 '시험', '문제'처럼 우리 눈에 보이지 않는 추상적인 표현이 나올 수도 있어요. 그리고 그 뒤에는 사물이나 추상적인 표현들이 어떠하다는 내용을 보충하여 나타낼 수 있어요.

Quiz 1

아래의 우리말을 영어로 써 보세요.

* 나는 그 영화가 재미있다는 걸 발견했다.

→ _____ .

❶ 목적어(무엇이)의 표현

여기서는 문장의 주인공과 동작 표현 다음에 나오는 '누가' 자리에 사람이 아닌, 사물이나 추상적인 표현 등이 올 수도 있어요.

movie 영화	**exam** 시험
-------------------	-------------------
building 건물	**river** 강
-------------------	-------------------

❷ 목적보어(어떠한)의 표현

무엇이 어떠한 상태를 나타낼 때 쓸 수 있는 표현들을 알아보아요.

funny 재미있는	**difficult** 어려운
-------------------	-------------------
high 높은	**deep** 깊은
-------------------	-------------------

👆 한 가지만 더!

동사 found는 '발견했다'는 뜻으로, 현재형은 'find (발견하다)'라고 써요.

☑
Quiz
2

우리말을 참고하여 빈칸에 알맞은 말을 영어로 쓰세요.

1 I found the _____ _____ .　　나는 그 강이 깊다는 걸 발견했다.

2 You found the _____ _____ .　　너는 그 건물이 높다는 걸 발견했다.

3 They found the _____ _____ .　그들은 그 시험이 어렵다는 걸 발견했다.

4 She found the _____ _____ .　그녀는 그 영화가 재미있다는 걸 발견했다.

🎧 2-36 음성을 들으며 차례대로 2번씩 따라 말해 보세요.

1 ❶ I 나는

❷ I found 나는 발견했다

❸ I found the movie 나는 발견했다 그 영화가

❹ I found the movie funny. 나는 발견했다 그 영화가 재미있는

2 ❶ You 너는

❷ You found 너는 발견했다

❸ You found the exam 너는 발견했다 그 시험이

❹ You found the exam difficult. 너는 발견했다 그 시험이 어려운

3 ❶ They 그들은

❷ They found 그들은 발견했다

❸ They found the building 그들은 발견했다 그 건물이

❹ They found the building high. 그들은 발견했다 그 건물이 높은

4 ❶ She 그녀는

❷ She found 그녀는 발견했다

❸ She found the river 그녀는 발견했다 그 강이

❹ She found the river deep. 그녀는 발견했다 그 강이 깊은

이처럼 목적어 뒤에 형용사가
나와서 목적어의 상태를
설명해줄 수 있어요.

영어의 어순에 맞게 다음 빈칸을 채워 보세요.

	주어 (주인공)	동사 (과거 동작)	목적어 (무엇)	목적보어 (어떠한)
1	나는			
	나는	발견했다		
	나는	발견했다	그 영화가	
	나는	발견했다	그 영화가	재미있는
2	너는			
	너는	발견했다		
	너는	발견했다	그 시험이	
	너는	발견했다	그 시험이	어려운
3	그들은			
	그들은	발견했다		
	그들은	발견했다	그 건물이	
	그들은	발견했다	그 건물이	높은
4	그녀는			
	그녀는	발견했다		
	그녀는	발견했다	그 강이	
	그녀는	발견했다	그 강이	깊은

▶ 정답은 103페이지 참조

UNIT 19

I will make the tourist excited.

나는 그 여행객을 신나게 만들 것이다.

STEP 1   그림으로 이해하기

주어 (주인공)	동사 (미래 동작)	목적어 (사람)	목적보어 (어떠한 상태인)
I	will make	the tourist	excited
나는	만들(해줄) 것이다	그 여행객을	신나는

 〈주인공 + 미래 동작 + 사람 + 어떠한 상태인〉의 문장 표현

문장의 주인공과 동작이나 상태를 나타내는 동사 뒤에 나오는 목적어를 어떠한 상태로 만든 상황을 나타내야 할 경우가 있어요. 이럴 경우에도 '누구를' 다음에 어떠한 상태를 나타내는 표현을 써주면 돼요. 그리고 이 때 이 표현들로는 꾸며주는 말, 즉, 형용사가 와야만 해요.

Quiz 1

아래의 우리말을 영어로 써 보세요.

＊ 나는 그 여행객을 신나게 해줄 것이다.

→ _____

❶ 목적어(누구를)의 표현

여기서는 또 다른 '누가' 또는 '누구를'에 해당하는 표현을 알아보아요.

the tourist 그 여행객이(을)	the crew 그 선원이(을)
the soldier 그 군인이(을)	the reporter 그 기자가(을)

❷ 목적보어(어떠한 상태인)의 표현

동사에 make (~하도록 해준다)가 올 때는 목적보어 자리에 다양한 표현들이 올 수 있어요. 특히 동사의 원형도 올 수 있다는 점을 기억하도록 해요.

excited 신나는	comfortable 편안한
know the fact 그 사실을 알다	shut the door 그 문을 닫다

✍️ **한 가지만 더!**

목적보어로 동사형이 나올 경우 원래 그 앞에 to를 붙여주어야 하지만 주어 다음에 동사 make가 올 때는 예외적으로 to를 빼고 동사의 본래 모습을 써요.

ex) I will make him to know the fact. (✕) / I will make him know the fact. (◯)

✓ **Quiz 2**

다음 문장들의 뜻을 말해보세요.

1 I will make the tourist shut the door.
2 We will make the crew excited.
3 He will make the soldier know the fact.
4 They will make the reporter comfortable.

🎧 2-38 음성을 들으며 차례대로 2번씩 따라 말해 보세요.

1 ❶ I   나는

❷ I will make   나는 만들 것이다

❸ I will make the tourist   나는 만들 것이다 그 여행객을

❹ I will make the tourist excited.   나는 만들 것이다 그 여행객을 신나도록

2 ❶ We   우리는

❷ We will make   우리는 만들 것이다

❸ We will make the crew   우리는 만들 것이다 그 선원을

❹ We will make the crew
comfortable.   우리는 만들 것이다 그 선원을
편안해지도록

3 ❶ They   그들은

❷ They will make   그들은 만들 것이다

❸ They will make the soldier   그들은 만들 것이다 그 군인이

❹ They will make the soldier
know the fact.   그들은 만들 것이다 그 군인이
그 사실을 알도록

4 ❶ He   그는

❷ He will make   그는 만들 것이다

❸ He will make the reporter   그는 만들 것이다 그 기자가

❹ He will make the reporter
shut the door.   그는 만들 것이다 그 기자가
그 문을 닫도록

영어의 어순에 맞게 다음 빈칸을 채워 보세요.

	주어 (주인공)	동사 (미래 동작)	목적어 (누구를 / 누가)	목적보어 (~하도록)
1	나는			
	나는	만들 것이다		
	나는	만들 것이다	그 여행객을	
	나는	만들 것이다	그 여행객을	신나도록
2	우리는			
	우리는	만들 것이다		
	우리는	만들 것이다	그 선원을	
	우리는	만들 것이다	그 선원을	편안해지도록
3	그들은			
	그들은	만들 것이다		
	그들은	만들 것이다	그 군인이	
	그들은	만들 것이다	그 군인이	그 사실을 알도록
4	그는			
	그는	만들 것이다		
	그는	만들 것이다	그 기자가	
	그는	만들 것이다	그 기자가	그 문을 닫도록

▶ 정답은 107페이지 참조

I must see you swimming.

나는 네가 수영하고 있는 것을 봐야 한다.

STEP 1 그림으로 이해하기

주어 (주인공)	조동사 (의무) + 동사 (동작)	목적어 (사람)	목적보어 (행동하고 있는 것)
I	must see	you	swimming
나는	봐야 한다	네가	수영하고 있는 것

〈주인공 + 의무 + 동작 + 사람 + 행동하고 있는 것〉의 문장 표현

문장의 주인공 다음에 '의무'를 나타내는 조동사와 '누가'에 해당하는 목적어가 나오고, 그 다음에 행동하고 있는 어떤 동작이 나오는 경우가 있어요. 이럴 경우에는 목적어인 '누가'가 목적보어인 '어떤 행동을 하고 있다'라는 뜻이 돼요. 즉, 위의 문장에선 '나는 네가 수영하고 있는 것을 봐야한다.'라는 의미가 돼요.

Quiz 1

아래의 우리말을 영어로 써 보세요.

* 나는 네가 수영하고 있는 것을 봐야 한다.

→ _____ .

❶ 목적어(누가) + 목적보어(행동하고 있는 것)의 표현 1

누가 현재 어떤 동작을 진행하고 있는 상황을 나타내고 싶을 땐 그 동작 뒤에 –ing를 붙여서 나타내요. 그러면 현재 진행하고 있는 동작을 나타내게 돼요.

you 네가	**swimming** 수영하고 있는 것	**me** 내가	**studying** 공부하고 있는 것
-----------	-----------	-----------	-----------
us 우리가	**running** 달리고 있는 것	**him** 그가	**singing** 노래 부르고 있는 것
-----------	-----------	-----------	-----------

❷ 목적어(누가) + 목적보어(행동하는 것)의 표현 2

현재 어떤 동작을 막 하고 있는 상황이 아니라, 평상시에 그저 일반적으로 하는 동작을 나타낼 땐 굳이 –ing를 붙여서 나타내지 않고, 행동하고 있는 동작의 원래 모습만 써주면 돼요.

you 네가	**swim** 수영하는 것	**me** 내가	**study** 공부하는 것
-----------	-----------	-----------	-----------
us 우리가	**run** 달리는 것	**him** 그가	**sing** 노래 부르는 것
-----------	-----------	-----------	-----------

✋ 한 가지만 더!

run과 swim처럼 단어 끝에 모음(a, e, i, o, u)과 자음이 함께 붙어 있으면 자음을 하나 더 써주고 끝부분에 –ing를 붙여요.
ex) swiming (✕) / swimming (○)

☑ **Quiz 2**

우리말을 참고하여 빈칸에 알맞은 말을 영어로 쓰세요.

1 I must see _____ _____ .   나는 그들이 공부하고 있는 것을 봐야 한다.

2 He must see _____ _____ .   그는 우리가 달리는 것을 봐야만 한다.

3 They must see _____ _____ .   그들은 그가 수영하고 있는 것을 봐야만 한다.

4 We must see _____ _____ .   우리는 그녀가 노래 부르는 것을 봐야만 한다.

🎧 2-40 음성을 들으며 차례대로 2번씩 따라 말해 보세요.

1 ❶ I   나는

  ❷ I must see   나는 봐야 한다

  ❸ I must see you   나는 봐야 한다 네가

  ❹ I must see you swimming.   나는 봐야 한다 네가 수영하고 있는 것을

2 ❶ You   너는

  ❷ You must see   너는 봐야 한다

  ❸ You must see me   너는 봐야 한다 내가

  ❹ You must see me studying.   너는 봐야 한다 내가 공부하고 있는 것을

3 ❶ They   그들은

  ❷ They must see   그들은 봐야 한다

  ❸ They must see us   그들은 봐야 한다 우리가

  ❹ They must see us run.   그들은 봐야 한다 우리가 달리는 것을

4 ❶ She   그녀는

  ❷ She must see   그녀는 봐야 한다

  ❸ She must see him   그녀는 봐야 한다 그가

  ❹ She must see him sing.   그녀는 봐야 한다 그가 노래 부르는 것을

목적보어로 '~ing'가 오는
경우는 지금 진행 중인 상황이고,
'동사원형'이 올 때는 평상시에
일반적인 상황을
나타내는 경우예요.

영어의 어순에 맞게 다음 빈칸을 채워 보세요.

	주어 (주인공)	조동사 (의무) + 동사 (동작)	목적어 (누가)	목적보어 (행동하(고 있)는 것)
1	나는			
	나는	봐야 한다		
	나는	봐야 한다	네가	
	나는	봐야 한다	네가	수영하고 있는 것을
2	너는			
	너는	봐야 한다		
	너는	봐야 한다	내가	
	너는	봐야 한다	내가	공부하고 있는 것을
3	그들은			
	그들은	봐야 한다		
	그들은	봐야 한다	우리가	
	그들은	봐야 한다	우리가	달리는 것을
4	그녀는			
	그녀는	봐야 한다		
	그녀는	봐야 한다	그가	
	그녀는	봐야 한다	그가	노래 부르는 것을

▶ 정답은 111페이지 참조

Practice 5

① 다음 그림이 나타내는 문장을 써 보세요.

1 -------------------- .

2 -------------------- .

3 -------------------- .

4 -------------------- .

② 다음 단어와 뜻이 서로 맞는 것끼리 연결하세요.

1	exam	○	○ 편안한
2	excited	○	○ 신나는
3	comfortable	○	○ 노래 부르다
4	sing	○	○ 시험
5	room	○	○ 방
6	crew	○	○ 선원

③ 오른쪽 문장을 읽고 해당되는 단어로 빈칸을 채워 보세요.

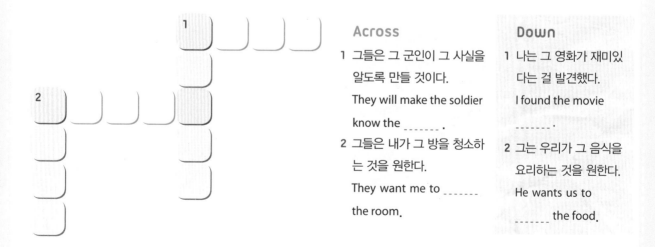

Across

1 그들은 그 군인이 그 사실을 알도록 만들 것이다.
They will make the soldier know the _____ .

2 그들은 내가 그 방을 청소하는 것을 원한다.
They want me to _____ the room.

Down

1 나는 그 영화가 재미있다는 걸 발견했다.
I found the movie _____ .

2 그는 우리가 그 음식을 요리하는 것을 원한다.
He wants us to _____ the food.

4 다음 카드들의 번호를 어순에 맞게 써 보세요.

1
① must see ② you ③ I ④ swimming

( ) → ( ) → ( ) → ( )

2
① She ② must see ③ sing ④ him

( ) → ( ) → ( ) → ( )

3
① the tourist ② I ③ will make ④ excited

( ) → ( ) → ( ) → ( )

4
① want ② them ③ We ④ to come here

( ) → ( ) → ( ) → ( )

5 다음 우리말을 영어로 바꿔 쓰세요.

1 우리는 그 선원을 편안하게 만들 것이다.　→　　　　　　　　　　　　　　　　.

2 그녀는 그 강이 깊다는 걸 발견했다.　→　　　　　　　　　　　　　　　　.

3 나는 그가 거기에 가는 것을 원한다.　→　　　　　　　　　　　　　　　　.

4 그들은 우리가 달리는 것을 봐야 한다.　→　　　　　　　　　　　　　　　　.

5 너는 내가 공부하고 있는 것을 봐야 한다.　→　　　　　　　　　　　　　　　　.

6 너는 그 시험이 어렵다는 걸 발견했다.　→　　　　　　　　　　　　　　　　.

6 다음 밑줄 친 부분에서 잘못된 곳을 찾아 바르게 고쳐 쓰세요. (단, Chapter 5에서 제시된 문장을 사용해 주세요.)

1 They found <u>high the building</u>.　→　--------------------------------.

2 He will make the reporter <u>to shut</u> the door.　→　--------------------------------.

3 They must see <u>run us</u>.　→　--------------------------------.

4 I want him <u>go</u> there.　→　--------------------------------.

5 I will make the tourist <u>exciting</u>.　→　--------------------------------.

6 I must see you <u>swiming</u>.　→　--------------------------------.

Chapter 1

Unit 01

QUIZ 1

I go to the school

QUIZ 2

1 ○

2 ✕(go → goes)

3 ✕(the shop → to the shop)

Unit 02

QUIZ 1

I went to the school by bus

QUIZ 2

1 by bus　　2 by subway

3 by train　4 on foot

Unit 03

Quiz 1

I will go to the school at nine

QUIZ 2

1 at three (o'clock)

2 at nine (o'clock)

3 on Monday

4 tomorrow

Unit 04

Quiz 1

I can go to the school fast

QUIZ 2

1 library, slowly

2 church, fast

3 school, early

4 hospital, carefully

Practice 1

❶ 1 I go to the school

2 I will go to the school at nine

3 I went to the school by bus

4 I can go to the school fast

❷ 1 학교　　2 지하철　　3 병원

4 교회　　5 느리게　　6 일찍

❸ Across　1 fast　　2 shop

Down　　1 foot　　2 taxi

❹ 1 ①-③-②-④　2 ③-①-②-④

3 ①-②-④-③　4 ④-①-③-②

❺ 1 I went to the school by bus

2 They went to the park by subway

3 You can go to the hospital slowly

4 They can go to the park early

5 We go to the church

6 He went to the shop on foot

❻ 1 I will go to the school at nine

2 He will go to the shop today

3 We will go to the hospital at three (o'clock)

4 They will go to the park on Monday

5 I can go to the school fast

6 We went to the hospital by taxi

Chapter 2

Unit 05

QUIZ 1

My friend is a pretty girl

QUIZ 2

1 lovely animal   2 handsome boy

3 kind lady   4 small pet

Unit 06

QUIZ 1

My dog was very wise

QUIZ 2

1 Her, very

2 My, too

3 Their, really

Unit 07

Quiz 1

My father is tired now

QUIZ 2

1 tired, now   2 sad, today

3 pleasant, today   4 hungry, now

Unit 08

Quiz 1

My prince looks very healthy

QUIZ 2

1 very, sweet

2 very, sleepy

3 very, strange

4 very, healthy

5 very, delicious

Practice 2

1   1 My dog was very wise

   2 My friend is a pretty girl

   3 My prince looks very healthy

   4 My father is tired now

2   1 사랑스러운   2 딸   3 느끼다

   4 피곤한   5 이상한   6 배고픈

3   **Across**   2 cute   3 tired

   Down   1 wise   2 cat

4   1 ①-②-③-④   2 ①-④-②-③

   3 ③-①-②-④   4 ②-①-④-③

5   1 Your radio sounds very strange

   2 Our teacher is a real gentleman

   3 Your child was too quiet

   4 Her daughter was really tender

   5 His uncle is sad today

   6 Their cousins are hungry today

6   1 My father is tired now

   2 His puppy is a small pet

   3 Your brother is a handsome boy

   4 My prince looks very healthy

   5 His apple tastes very delicious

   6 Our parents are pleasant now

Chapter 3

Unit 09

QUIZ 1

I hope to drink a soda

QUIZ 2

1 to help   2 to drink

3 to do   4 to refuse

Unit 10

QUIZ 1

I hoped to drink a cold soda

QUIZ 2

1 a cold soda

2 the miserable friend

3 the difficult work

4 your rude order

Unit 11

Quiz 1

I will enjoy playing the guitar

QUIZ 2

1 기타를 치는 것

2 차를 운전하는 것

3 그 책을 읽는 것

4 그 기자를 만나는 것

Unit 12

Quiz 1

I must enjoy playing the brown guitar

QUIZ 2

1 갈색 기타를 연주하는 것

2 멋진 차를 운전하는 것

3 그 지루한 책을 읽는 것

4 그 용감한 기자를 만나는 것

Practice 3

❶ 1 I will enjoy playing the guitar

2 I must enjoy playing the brown guitar

3 I hope to drink a soda

4 I hoped to drink a cold soda

❷ 1 마시다   2 바라다   3 탄산음료

4 불쌍한   5 멋진   6 즐기다

❸ Across   1 avoid   4 cold

Down   2 car   3 decide

❹ 1 ②-①-④-③   2 ①-②-④-③

3 ①-③-②-④   4 ③-①-②-④

❺ 1 They plan to do the work

2 You decided to help the miserable friend

3 I must enjoy playing the brown guitar

4 She must deny meeting the brave reporter

5 He refuses to follow your order

6 They planned to do the difficult work

❻ 1 She refused to follow your rude order

2 They must admit reading the boring book

3 I hope to drink a soda

4 I will enjoy playing the guitar

5 I hoped to drink a cold soda

6 I must enjoy playing the brown guitar

Chapter 4

Unit 13

QUIZ 1

I give him a book

QUIZ 2

1 give, watch   2 tells, story

Unit 14

QUIZ 1

I gave you her book

QUIZ 2

1 our book
2 pretty watch
3 her story
4 small letter

Unit 15

Quiz 1

I will promise him to study English

QUIZ 2

1 us to study English
2 them to tell the fact

Unit 16

Quiz 1

I can teach her how to cook

QUIZ 2

1 요리하는 방법

2 수영하는 방법
3 그림 그리는 방법
4 생각하는 방법

Practice 4

❶ 1 I give him a book
2 I will promise him to study English
3 I gave you her book
4 I can teach her how to cook

❷ 1 주었다   2 시계   3 약속하다
4 가르치다   5 옷, 의복 6 수영하다

❸ Across   1 think   3 buy
Down   2 story   4 give

❹ 1 ④—①—②—③   2 ②—③—④—①
3 ②—①—④—③   4 ①—③—②—④

❺ 1 They bought us a small watch
2 I will promise him to study English
3 I can teach you how to cook
4 We will promise them to play the piano
5 They will promise us to tell the fact
6 He will promise her to buy the clothes

❻ 1 You can teach me how to swim
2 They can teach us how to draw
3 I gave you her book
4 I will promise him to study English
5 We tell them the story
6 They buy us a watch

Chapter 5

Unit 17

QUIZ 1

I want him to go there

QUIZ 2

1 to clean the room
2 to come here
3 to finish the work
4 to go there

Unit 18

QUIZ 1

I found the movie funny

QUIZ 2

1 river, deep   2 building, high
3 exam, difficult   4 movie, funny

Unit 19

Quiz 1

I will make the tourist excited

QUIZ 2

1 나는 그 관광객이 그 문을 닫도록 만들 것이다.
2 우리는 그 선원을 신나도록 만들 것이다.
3 그는 그 군인이 그 사실을 알도록 만들 것이다.
4 그들은 그 기자를 편안해지도록 만들 것이다.

Unit 20

Quiz 1

I must see you swimming

QUIZ 2

1 them, studying
2 us, run
3 him, swimming
4 her, sing

Practice 5

① 1 I must see you swimming
   2 I will make the tourist excited
   3 I want him to go there
   4 I found the movie funny

② 1 시험   2 신나는   3 편안한
   4 노래 부르다   5 방   6 선원

③ Across   1 fact   2 clean
   Down   1 funny   2 cook

④ 1 ③-①-②-④   2 ①-②-④-③
   3 ②-③-①-④   4 ③-①-②-④

⑤ 1 We will make the crew comfortable
   2 She found the river deep
   3 I want him to go there
   4 They must see us run
   5 You must see me studying
   6 You found the exam difficult

⑥ 1 They found the building high
   2 He will make the reporter shut the door
   3 They must see us run
   4 I want him to go there
   5 I will make the tourist excited
   6 I must see you swimming